El perdón nos mantiene en la luz de Dios y
sostiene nuestra puerta del amor abierta.
Bill Bright me enseñó esta verdad durante más
de cincuenta años.

Del prólogo por
GARY SMALLEY

LA SERIE DE LIBROS
«EL GOZO DE CONOCER A DIOS»
POR BILL BRIGHT

El GOZO de PERDONAR

La llave para una vida sin culpa

DR. BILL BRIGHT

EL GOZO DE PERDONAR
Edición en español publicada por Editorial Vida – 2007
© 2007 Editorial Vida
Miami, Florida

Publicado originalmente en inglés bajo el título:
The Joy of Total Forgiveness
por Cook Communications Ministries
© 2005 por Bill Bright

Traducción: *Karen Siles Arias*

Edición: *Jorge Arias Hernández*

Diseño de cubierta: *Pablo Snyder*

Diseño interior: *A&W Publishing Electronic Services, Inc.*

ISBN–10: 0-8297-5084-3
ISBN–13: 978-0-8297-5084-3

Categoría: RELIGIÓN/Vida cristiana/Crecimiento personal

Impreso en Estados Unidos de América
Printed in the United States of America

07 08 09 10 ❖ 9 8 7 6 5 4 3 2 1

Dedicatoria

SOCIOS FUNDADORES A NIVEL MUNDIAL

La Fundación de Medios de Comunicación Bright continúa los variados servicios ministeriales de Bill y Vonette Bright para las generaciones del futuro. Dios ha tocado e inspirado a los Bright por medio de la vocación ministerial de escritores a través de los siglos. Asimismo, ellos desean transmitir el mensaje de Dios en Cristo Jesús como lo han vivido, en procura de inspirar, instruir y transformar vidas, y así ayudar a cumplir la Gran Comisión cada año hasta el regreso de nuestro Señor.

Muchos amigos generosos han orado y se han sacrificado para dar su apoyo a la Fundación de Medios de Comunicación Bright en lo referente a la cultura, al trabajo creativo en imprenta y en medios electrónicos. Las siguientes personas, específicamente, han ayudado a establecer la fundación. Estos amigos especiales siempre serán conocidos como los Socios Fundadores a nivel mundial de la Fundación de Medios de Comunicación Bright.

Bill y Christie Heavener y familia

Stuart y Debra Sue Irby y familia

Edward E. Haddock Jr., Edye Murphy-Haddock, y la familia Haddock

Reconocimientos

Tuve el privilegio de convivir cincuenta y cuatro años, seis meses y veinte días de vida matrimonial con un hombre que amaba a Jesús apasionadamente y le servía fiel y rectamente. Seis meses antes de su partida, Bill comenzó lo que se ha convertido en la serie «*El gozo de conocer a Dios*». Era su deseo entregar a las futuras generaciones el conocimiento de verdades espirituales que Dios le había dado, para que ellos también pudieran descubrir su magnificencia y vivieran el maravilloso plan que él tiene para sus vidas.

La serie «*El gozo de conocer a Dios*» es una colección de los diez máximos mensajes transformadores de vidas, de Bill Bright. Millones de personas alrededor del mundo se han beneficiado enormemente con estas verdades espirituales, y viven ahora la apasionante aventura cristiana que Dios desea para cada uno de nosotros.

En nombre de Bill, quiero agradecer al siguiente equipo: Jim Bramlett, Rebecca Cotton, Eric Metaxas, Sheryl Moon, Cecil Price, Michael Richardson, Eric Stanford y Rob Suggs quienes ayudaron en la investigación, recopilación, edición y descifrado de los manuscritos.

También deseo agradecer a los antiguos amigos de Bill y asociados de Campus Crusade, Bailey Marks y Ted Martin, que con cuidado y precisión revisaron los escritos y manuscritos en su corrección y exactitud.

Bill estaba profundamente agradecido con Bob Angelotti y Don Stillman del Allegiant Marketing Group, por alentarlo a producir esta serie y por su habilidad en facilitar su distribución a tantas personas.

Un agradecimiento especial a Cook Communications y a su equipo de dedicados profesionales que se asociaron con Bright Media Foundation en esta aventura, así como a Steve Laube quien nos conjuntó.

Y finalmente, pero no por ello menos importante, deseo expresar mi aprecio a Helmut Teichert, que trabajó fiel y diligentemente supervisando este grupo para que la visión de Bill se hiciera realidad, y a John Nill, Director Ejecutivo de Bright Media, que me ha ayudado a superar los muchos retos a lo largo de este viaje.

Como resultado del trabajo arduo de tantos, y especialmente de la promesa maravillosa de la gracia de nuestro Señor, confío en que multitudes alrededor del mundo experimentarán el más grande gozo al conocer a Dios y sus caminos con mayor plenitud.

Con un corazón agradecido,
VONETTE, LA SEÑORA DE BILL BRIGHT

Contenido

Prólogo

El perdón es una acción transformadora de vidas, enriquecedora y sumamente necesaria que beneficia más a quien lo otorga que a quien lo recibe. El perdón es el centro de los tres aspectos principales de la perfecta voluntad de Dios para todos nosotros: amar a Dios con todo nuestro corazón, amar a los demás y amarnos a nosotros mismos.

El perdón equilibra los tres aspectos de la perfecta voluntad de Dios. Él lo perdona y ama a usted diariamente, usted perdona y ama a otros diariamente, y usted se ama y perdona diariamente. El perdón abre la ventana a la luz de Dios y del amor en nuestros corazones. Si realmente queremos amarnos a nosotros mismos, no tenemos otra alternativa que aprender a perdonar a otros y a perdonarnos a nosotros mismos. El perdón nos mantiene en la luz de Dios y sostiene abiertas las puertas de nuestro amor.

Bill Bright me enseñó esta verdad durante más de cincuenta años. En mi memoria, me veo sentado a sus pies en el Forest Home Christian Center, al norte de California, allá por los años cincuenta. Él estaba dedicado apasionadamente a procurar almas para Cristo, y a enseñarles cómo vivir el tipo de vida centrada en Cristo, lo que les proporcionaría la existencia más satisfactoria y feliz. Bill quería que las personas no creyentes percibieran el amor de Dios en aquellos que profesaban su amor por él y del uno por el otro.

Bill Bright percibió claramente los dos significados de la palabra perdón: ser liberados o perdonados de nuestras ofensas a Dios y a los hombres, y ser desatados o liberados del poder del pecado y de la tendencia en nuestro interior que nos induce a pecar. El perdón no solamente significa que hemos sido absueltos o que se nos ha enviado a casa liberados de la cárcel, a pesar de no merecerlo, también significa que se nos ha sanado de lo que nos puso en prisión desde el principio.

Solo imagine a los hijos de Dios que se perdonan, los unos a los otros, sus ofensas. Y, luego, que oran y se ayudan activamente, entre sí, para formar nuevos hábitos bíblicos de sanidad que eviten las mutuas ofensas. ¡Qué mundo tan maravilloso sería! Bill Bright pudo ver ese mundo, y yo sé que eso es posible por medio del poder del Espíritu Santo que vive dentro de nosotros.

GARY SMALLEY

TAN LEJOS DE NOSOTROS ECHÓ NUESTRAS
TRANSGRESIONES COMO LEJOS DEL ORIENTE
ESTÁ EL OCCIDENTE.

SALMO 103:12

———————— ❖ ————————

EL MUNDO ESTÁ LLENO DE HIJOS PRÓDIGOS
ANHELANTES DE REGRESAR A CASA.

————————————

1

El deseo del perdón de Dios

Un hombre joven se sienta y acurruca contra una pared en un callejón oscuro y sucio. Si usted tuviera que adivinar su edad, calcularía que tiene diez años más de su verdadera edad, sin embargo, solo es un poco mayor que un adolescente. Si tuviera que adivinar sus antecedentes, es posible que errase sobre su nivel o clase social: el muchacho viene de una familia adinerada, a pesar de los harapos que lleva puestos ahora.

Si usted tuviera que adivinar su historia, movería la cabeza, y luego la bajaría con triste comprensión. Ocurre que esta es otra historia de un joven impaciente; la crónica de un joven cuya manera de ser: ardiente, brillante y rápida lo consumió pronto, quien malgastó cada regalo que se le dio. Este era solo otro niño alejado de sus padres, amigos y de su propio respeto.

Hubo una época en que la vida le ofrecía un paseo extraordinario y emocionante. El joven cobró cada centavo que podía exigir, y partió hacia el encantamiento de la gran ciudad que demandaba su presencia. Él nunca miró hacia atrás, sino hasta después, cuando la ciudad perdió su brillo. El muchacho tenía prisa por encontrar mujeres, fiestas y buenos momentos.

Todo era muy embriagante hasta el día en que su billetera se vació. Ese día, las fiestas acabaron abruptamente, las puertas se cerraron, las mujeres desaparecieron, y el trabajo pesado comenzó: un trabajo como nunca lo había conocido, un hambre más allá de de lo imaginable, y una profunda desesperación que nunca creyó que existiera.

Y ahora el joven se sienta en la esquina de un callejón abandonado, con capas de tierra debajo de sus uñas. Él no tiene ropa, salvo en su espalda, el remanente roto de su vestidura que una alguna vez fue elegante. No tiene otros amigos que los animales, en cuya compañía rebusca entre los desechos de comida. Y no tiene esperanza, ni una sola: salvo un sueño desesperado.

Así es, al fin sus pensamientos se han vuelto a casa. El joven piensa constantemente en su familia, pero siente la separación como algo mucho mayor que los cientos de millas entre ellos. ¿Cómo puede esperar algo de ellos después de todo? Él demandó su parte, la parte que le correspondía de los ahorros duramente ganados de su padre: el fruto de una vida de trabajo, y los utilizó para manchar el una vez, orgulloso nombre familiar. Él quebrantó cada principio que le enseñaron. Se separó de aquellos que más lo amaban, y a quienes debía *todo*.

El delgado y hambriento joven cerró sus ojos y se concentró en el rostro de su padre, en los amorosos ojos de su madre, y en la risa juguetona de sus hermanos y hermanas. Lágrimas comenzaron a caer de las oscuras cuencas de sus ojos. Pero cuando los abrió, descubrió que se había levantado, salido del callejón, y vuelto su rostro en dirección a la carretera que conducía a casa. ¿Mantenía realmente una esperanza, o se trataba simplemente de su última oportunidad? ¿Se dirige este joven hacia el camino de la redención, o se está empujando a sí mismo hacia el rechazo total? Si por medio de un milagro se le ofreciera perdón, ¿qué deudas debería pagar? ¿Cuál penitencia debería sufrir?

> ❖
>
> *Todos nosotros estamos en el lugar de aquel hombre angustiado.*

El joven se acerca al hogar familiar y queda atónito al ver que su padre corre a saludarlo. No lo esperaba ninguna palabra cruel de condenación: solo unos brazos amorosos, una celebración extremadamente jubilosa, un delicioso banquete, un nuevo guardarropa, y un nuevo comienzo con un futuro completamente libre de culpa o remordimiento. Este joven está a punto de descubrir el increíble poder del perdón total. Y ese maravilloso viaje comenzó el día en que *deseó* el perdón suficiente como para venir humildemente a recibirlo.

SU HISTORIA DE GRACIA

Quizás usted ya reconoció esta amada y vieja historia. El narrador más grande del mundo, Jesucristo, la contó hace unos veinte siglos. Quizás, más que cualquier otra historia, la parábola del hijo pródigo captura la esencia de lo que significa experimentar la gracia y el perdón de nuestro todopoderoso Señor y Creador. Porque todos nosotros estamos en el lugar de aquel hombre angustiado.

Es cierto, usted y yo no hemos viajado a ningún lugar lejano ni nos hemos abandonado en una vida libertina. Sin embargo, al igual que el hijo pródigo, sentimos una terrible carga de culpa y la necesidad de perdón. Hemos caído en pecado, lo cual la Biblia explica como: «salirse de la ruta». Nos hemos salido de la ruta que Dios ha planeado para nosotros. Nos hemos salido de la ruta que la comunidad espera de nosotros. Hemos perdido la ruta que, una y otra vez, nos hemos establecido a nosotros mismos. Entonces sentimos la necesidad apremiante de que nos perdonen las tres partes perjudicadas: Dios, los demás y nosotros mismos.

Hemos anhelado ser libres de esa dolorosa carga. Pero siempre ha habido momentos difíciles en que nos hemos preguntado si tal perdón aún está disponible. Después de todo, cuando alguien nos hace mal de alguna manera, no somos perfectos con respecto al perdón, ¿o sí? Nosotros tenemos nuestra porción de rencores hacia aquellos que nos han tratado cruelmente. Hemos devuelto golpe por golpe con ira más de una vez. Entonces surge esta pregunta: Si los demás son lentos para perdonar, si nosotros mismos somos lentos para perdonar, ¿qué hay de Dios? Si él no nos perdona, ¿dónde quedamos en este mundo y en el venidero?

Sin embargo, la Biblia nos tranquiliza en este aspecto. Nos dice que nuestros pecados son perdonados. Nos dice que: «Tan lejos de nosotros echó nuestras transgresiones como lejos del oriente está el occidente» Salmo 103:12. Nos dice que él prefiere considerar la pureza de Cristo que la maldad que llevamos puesta como los harapos del hijo pródigo. ¡Pero, a veces parece demasiado bueno para ser verdad! ¿Podemos ser verdadera, completa y permanentemente perdonados?

¡CRÉALO!

¡Pero si solamente deberíamos creer en el perdón total! Muchos de nosotros vamos por la vida como si esto no fuera verdad. Una cosa es aferrarse intelectualmente al concepto bíblico y otra es permitir que su verdad penetre nuestros corazones y almas. Si pudiéramos hacerlo: si pudiéramos permanecer audaz y libremente en el perdón total de Dios, entonces ocurrirían milagros.

¿Encuentra difícil creer realmente que en Jesucristo tiene el perdón *total* de sus pecados? Usted puede creerlo intelectual y teológicamente, ¿pero lo cree en lo profundo de su corazón? ¿Se comporta como si estuviera totalmente perdonado, o hay una parte de usted que no está segura?

La Palabra de Dios nos ofrece un ejemplo perfecto de una experiencia en la vida de nuestro Salvador. Imagínese a usted mismo en la multitud, escuchando a Jesús hablar y sintiendo el poder de su personalidad, cuando estalla el siguiente alboroto:

«Entonces llegaron unos hombres que llevaban en una camilla a un paralítico. Procuraron entrar para ponerlo delante de Jesús, pero no pudieron a causa de la multitud. Así que subieron a la azotea y, separando las tejas, lo bajaron en la camilla hasta ponerlo en medio de la gente, frente a Jesús. Al ver la fe de ellos, Jesús dijo: "Amigo, tus pecados quedan perdonados". Los fariseos y los maestros de la ley comenzaron a pensar: "¿Quién es éste que dice blasfemias? ¿Quién puede perdonar pecados sino sólo Dios?". Pero Jesús supo lo que estaban pensando y les dijo: "¿Por qué razonan así? ¿Qué es más fácil decir: "Tus pecados quedan perdonados", o "Levántate y anda"? "Pues para que sepan que el Hijo del hombre tiene autoridad en la tierra para perdonar pecados…", se dirigió entonces al paralítico: "A ti te digo, levántate, toma tu camilla y vete a tu casa"».

LUCAS 5:18-24

¡Qué extraordinaria ilustración de la buena voluntad de Dios para perdonar! Vemos que eso sucede cuando se aplica el perdón total: Ocurren cambios radicales. Un hombre que ha estado paralizado toda su vida se levanta y camina. Este mismo poder, por medio del perdón de Cristo, ya se le ha ofrecido a usted. Usted solo necesita agarrarse de ello, y se levantará y caminará en un camino completamente nuevo.

Ven a casa

Quizás usted ha escuchado la historia de otro hijo pródigo que se llamaba Henry. Él también había dejado el hogar en circunstancias tristes. El cobro de una herencia no era el centro del problema, se trataba de un doloroso desacuerdo entre él y su padre. Frías y acerbas palabras se dijeron principalmente por parte de Henry. En un punto, Henry casi golpea a su padre; pero, con sus ojos llenos de lágrimas, la madre se interpuso entre ellos.

Al igual que muchos jóvenes, Henry cerró de golpe la puerta principal y abandonó a su familia; sin ningún verdadero plan, a excepción de la amarga resolución de no volver a hablarle a su padre de nuevo. Su madre le rogó que esperara, y sus hermanos y hermanas razonaron con él para

❖

No estaremos decepcionados, porque hay un padre que nos espera a todos nosotros.

que se tranquilizara. Pero él no podía escucharlos. Solo podía escuchar los latidos de su furioso corazón y sentir el calor de su abrasadora ira.

Un año transcurrió y Henry no había regresado. Su familia se lamentaba en silencio, hasta que su padre no pudo resistir más la espera y la incertidumbre. La especulación interna sobre el destino del hijo que se había ido enemistado, lo atormentaba. Entonces se propuso encontrarlo. Viajó de ciudad en ciudad, haciendo preguntas y siguiendo un frío rastro. Finalmente algunas palabras le indicaron que su hijo se había establecido, después de muchos meses de vagar, en cierto pueblo de mediano tamaño. El padre de Henry recorrió las calles por días estudiando cada rostro que pasaba frente a él. Hubo momentos en que pensó que había encontrado a su hijo, pero, cuando la figura se aproximaba, no se trataba de Henry.

Posteriormente, este hombre tomó el remanente de su menguado monedero y puso un gran anuncio en el periódico local. Este decía: «Henry, todo está perdonado. Tu padre anhela verte y abrazarte de nuevo. Mañana al mediodía, por favor ven a la cima de la colina que domina al pueblo en su esquina noreste y nos reconciliaremos amorosamente», y firmó la nota: «Tu padre». Hizo muchas copias del mismo mensaje y las colocó en los lugares prominentes de todo el pueblo.

Al día siguiente, al mediodía, hasta la cima de esa colina, el hijo de Henry regresó. Pero no venía solo.

Docenas de otros jóvenes que se llamaban Henry habían subido aquella colina. Todos estaban decepcionados, porque todos pensaron que encontrarían a su padre, quien les había ofrecido su perdón y reconciliación.

El mundo está lleno de hijos pródigos que anhelan regresar a casa, lleno de personas como la de nuestra historia que esperan y se preguntan si el perdón está de algún modo disponible. Alabo a nuestro maravilloso Dios por la seguridad de que esa gracia se nos ha dado gratuitamente. Este libro se ha escrito para todos aquellos hijos pródigos que tienen necesidad de perdón, porque sé que usted y yo estamos entre ellos. Llegamos a la cima de esa colina, esperando y orando por encontrar la reconciliación que anhelan nuestros corazones. Y no estaremos decepcionados, porque hay un Padre que nos espera a todos nosotros. Hay un Padre que se propuso rescatarnos y traernos a casa, por sí mismo, por el único medio posible. Encima de otra colina, hace dos mil años, él puso una cruz en el suelo, y allí sufrió y murió para que nosotros pudiéramos ser perdonados.

EL PERDÓN ES PARA SIEMPRE

Mi esperanza y mi oración son que este libro pueda ayudarle a llevar a cabo varios aspectos cruciales en su vida:

- Desear el perdón de Dios, al explorar cuan maravilloso es.
- Cumplir los requisitos de Dios, al examinar la única manera posible de cumplirlos.
- Seguir el cortazón de Dios, al aprender a valorar las cosas que él valora.

- Experimentar el limpiamiento de Dios, al aprender el poderoso proceso de la confesión.
- Recibir la gracia de Dios, al aprender a aceptar y disfrutar el perdón que él ofrece.
- Permanecer en la libertad de Dios, al aprender la extraordinaria verdad de que el perdón es para siempre.

2

El recibir el perdón de Dios

¿Alguna vez ha cuestionado el perdón de Cristo? Si es así, tengo buenas noticias para usted: La muerte de Cristo en su lugar es la base de su perdón. Gracias a la muerte sustitutiva de Cristo en la cruz, su perdón no es meramente una esperanza. ¡Es un hecho! Sus fracasos morales no entran en la ecuación en absoluto.

Cristo pagó el precio de todos nuestros pecados completamente, de una vez y para siempre. Si usted es cristiano, todos sus pecados presentes, pasados y futuros han sido perdonados. Usted no puede agregarle nada a lo que Cristo ha hecho por usted. Ruegos, lágrimas, esfuerzos personales y rituales espirituales no pueden reconciliarlo con Dios.

La reconciliación ya tuvo lugar: desde el momento en que usted confesó sus pecados y puso su fe en Cristo como su Salvador y Señor.

Hebreos 10 proclama:

«Y en virtud de esa voluntad somos santificados mediante el sacrificio del cuerpo de Jesucristo, ofrecido una vez y para siempre… Porque con un solo sacrificio ha hecho perfectos para siempre a los que está santificando… Y cuando éstos han sido perdonados, ya no hace falta otro sacrificio por el pecado».

HEBREOS 10:10,14,18

Antes de que una persona emprenda un viaje, debe hacer un inventario de lo que tiene en el punto de partida. Debemos saber donde estamos para poder pensar para donde vamos. En el viaje del perdón total, debemos empezar en el punto de la necesidad personal: su propia necesidad.

PAGADO POR COMPLETO

Quizás, usted encuentre difícil creer en su corazón que sus pecados se han pagado. Talvez está pensando: «Yo tengo pensamientos lujuriosos hacia otra persona», o «Toda mi vida he tomado el nombre del Señor en vano. Dios no perdona eso, ¿o sí?».

El hecho es que, si usted ha puesto su confianza en Cristo, él ya lo ha perdonado. Usted simplemente necesita reclamar su perdón y creer su promesa. Y esta promesa es:

> «Tan grande es su amor por los que le temen como alto es el cielo sobre la tierra. Tan lejos de nosotros echó nuestras transgresiones como lejos del oriente está el occidente».
>
> SALMO 103:11-12

Ese es el perdón que Dios ofrece. ¡Piense en eso! Fue suyo desde el momento en que creyó en Jesucristo como su Salvador, y, como un acto de su voluntad, lo recibió por fe en su vida como su Señor y Maestro. Solo por medio de Jesús usted puede experimentar el amor de Dios y el perdón. Permítame explicarle porqué.

Jesús no vivió en la tierra solo para probar que es Dios. Él vino a darle vida eterna, a ofrecerle su perdón, y a liberarlo del pecado y de la culpa, a darle una vida plena y significativa aquí. Y, debido a que Cristo es Dios, puede proveerle el perdón de sus pecados y permitirle vivir abundantemente.

Durante una conversación con un líder religioso de su época, Jesús dijo: «Porque tanto amó Dios al mundo, que dio a su Hijo unigénito, para que todo el que cree en él no se pierda, sino que tenga vida eterna. Dios no envió su Hijo al mundo para condenar al mundo, sino para salvarlo por medio de él» Juan 3:16-17.

El apóstol Pablo escribió: «Por lo tanto, ya no hay ninguna condenación para los que están unidos a Cristo Jesús, pues por medio de él la ley del Espíritu de vida me ha liberado de la ley del pecado y de la muerte» Romanos 8:1-2.

Sentimientos

Usted también puede descubrir la misma libertad que Pablo encontró. Pero usted no lo hace por medio de sus sentimientos. Usted puede sentir culpa, pero Dios desea que usted tenga fe en lo que él ha declarado en su Santa Palabra. Todo lo que se necesita es la fe en la promesa de Dios del perdón para usted en Jesucristo. Los sentimientos van después, pero la fe va adelante.

Asimismo, el carecer de culpabilidad en su conciencia no indica que usted es inocente. Muchas personas no sienten culpa por sus pecados, entonces asumen que esto significa que no son culpables o que no necesitan ser salvados de sus pecados. Pero no pueden estar más equivocados. Los sentimientos son engañosos. Dios desea que tengamos fe en él y en su Palabra. Nuestros sentimientos van después. Pero, cualesquiera que sean sus sentimientos ahora, las Escrituras son claras en que somos pecadores, y son claras en que a través de la fe en Jesús somos totalmente perdonados de nuestros pecados.

Y recuerde, la única manera que usted puede ser perdonado es por medio de la fe en Jesús. Usted no puede alcanzar el perdón a través de sus propios esfuerzos por ser una buena persona. Eso fallará todo el tiempo. La mejor persona en el mundo no puede llegar al cielo por sus propio historial de vida. Solo la fe en Cristo Jesús puede establecer el puente sobre la zanja que nuestros pecados han hecho.

Algunas personas hablan como si tener fe en algo es suficiente: tener fe en la fe misma. Evidentemente, eso no funciona. En un día de invierno, un hombre puede tener mucha fe en que la capa de hielo de un lago soportará su peso. Con una gran fe, él puede osadamente caminar sobre la delgada capa de hielo; y con mucha fe, puede continuar caminando mientras ésta cruje. Pero su fe, solamente, lo dejará miserablemente helado y mojado. Usted debe poner su fe, débil o fuerte, en un objeto en que valga la pena confiar.

El objeto de la fe del cristiano es Jesucristo y su santa e inspirada Palabra. Solo él tiene el poder de llevarlo de una vida mundana a una relación de gran gozo y abundantes bendiciones.

Usted debe depositar su fe en Dios, quien es digno de confianza, y en su Palabra. Entre más conozca a Dios, más confiará en él. Y entre más confíe en él, más experimentará su amor desinteresado e ilimitado poder.

PÓNGALO EN PRÁCTICA

¿Dónde comienza su viaje? Antes de que continúe con la lectura de este libro, le insto a pasar tiempo en oración y reflexión. Pídale a Dios que le ayude a obtener respuestas sinceras a las siguientes preguntas:

1. ¿Ha experimentado la salvación que solo Cristo puede ofrecer? Si no está seguro, lo insto a leer El gozo de encontrar a Jesús (segundo libro de esta serie «El gozo de conocer a Dios»).

2. Si usted es un creyente nacido de nuevo y un seguidor de Cristo, reflexione sobre si, verdaderamente, sabe que tiene el perdón de Dios. ¿Cuál es su imagen o concepto personal de Dios cuando ora? ¿Cuáles emociones tiene sobre Dios? ¿Diría que siente más la amorosa aceptación de Dios o siente más la culpabilidad por la separación. Dibuje una línea con AA (amorosa aceptación) en un extremo, y una CS en el otro (culpabilidad por la separación). Marque el punto de la línea donde usted cree que su relación se encuentra.

3. Haga una lista de las cuatro personas con las que usted interactúa más frecuentemente. Evalué su relación con cada uno de ellos. ¿Cuáles acciones no perdonadas y actitudes se han convertido en obstáculos? ¿Cuan dispuesto ha estado a perdonar a cada persona? ¿Qué tan bien ha aceptado su perdón, si le fue ofrecido, y como ha seguido adelante?

4. ¿Cuándo ha sufrido la culpa más personal y privada? ¿Cuándo le ha parecido más difícil perdonarse a usted mismo? ¿Cómo han afectado estos escollos mentales sus emociones y su vida? ¿Por qué se le hace más difícil perdonarse a si mismo? ¿Qué le dificulta a usted perdonarse a sí mismo?

5. Escriba una oración de pacto, esto es una oración de una promesa contractual con Dios, sobre los maravillosos cambios radicales que él quiere hacer en su vida durante estos próximos días. Asegúrele al Señor que usted estará completamente abierto a los cambios que él desea hacer y al amor que él desea darle. Pídale a su precioso Padre Celestial que le ayude a aferrarse a los poderes, imponentes y liberadores, de su gracia y su perdón, para que su vida sea revolucionada y su servicio a él sea extraordinario.

Las tinieblas y la luz no pueden coexistir

Si usted realizara un viaje al mismo trono de Dios, imagine los planes del viaje que debe emprender. Empecemos con el final en mente: la misma presencia de nuestro amoroso Padre. ¿Cómo es él? El estudio de sus atributos lo dejará temblando con temor y asombro.

Es por esto que, Tomás de Aquino, el teólogo de la época medieval, literalmente dejó de escribir sobre su Padre. Aquino estaba escribiendo la *Summa Theologica,* uno de los grandes hitos de la civilización occidental. Esta contiene alrededor de treinta y ocho tratados y tres mil artículos. Él quiso reunir todas las verdades del mundo referentes al Creador del universo. Aquino había llenado los estantes con un volumen tras otro.

Pero un día, Tomás de Aquino dejó de escribir. Durante la celebración de la misa en la capilla de Santo Tomás, el 6 de diciembre de 1273, el Señor le dio al erudito una visión fugaz de su gloria, como se la había dado a Moisés en la montaña miles de años antes. Él supo en un abrir y cerrar de ojos que sus esfuerzos por capturar la totalidad de Dios en la forma de un libro eran vanos e infantiles. «Todo mi trabajo parecía mucha paja», dijo.

La grandeza de Dios no se puede comprender. La mente humana no la puede contener, ni siquiera estamos cerca de hacerlo con nuestra diminuta y frágil mente humana. Intentarlo, a pesar de que reflejamos su grandeza y lo alabamos diariamente, es como intentar vaciar el Océano Atlántico en una taza de té. Su perfección es absoluta. Sus poderes son ilimitados. Él gobierna nuestro universo desde el exterior de nuestros límites de tiempo y espacio, que son exclusivamente sus creaciones.

Aquí está el punto: Debido a que él es perfecto, ni la más débil sombra de oscuridad puede coexistir en su presencia. Solamente la luz y la pureza pueden rodear el dominio del trono de Dios, el destino de nuestro viaje. ¡Cuánto anhela el Señor aceptarnos en sus brazos y en su reino. Pero debemos alcanzar sus estándares de pureza y perfección porque, de lo contrario, solo seremos destruidos.

¡VERDADERAMENTE LIBRE!

Esto nos dirige a nuestro punto de inicio: usted. Bueno, usted ya puede ver ahora que este viaje es imponente. Pruebe este ejercicio: Haga un inventario de cada cosa que debe cambiar en su vida antes de que camine hasta donde está el trono de Dios. Tome el tiempo que requiera: ¡necesitará bastante! Podría empezar haciendo una lista de cada pecado que haya cometido. Si usted define el término «pecado» apropiadamente, lo cual emprenderemos dentro de poco, notará que cada uno de nosotros tropieza muchas veces al día. Usted nació en condición de pecador, lo que significa que está predispuesto a pecar. Para permanecer en rectitud y perfección delante de su Señor, y evitar ser juzgado, usted tendría que considerar tomar en cuenta cada una de esas manchas. Tendría que liberar su mente y corazón de cada rastro que éstos hayan dejado.

Como puede ver, el asunto es irremediable, no importa quién usted sea y cuánto haya intentado vivir correctamente: «Pues todos han pecado y están privados de la gloria de Dios» Romanos 3:23. Nosotros nunca alcanzaremos ese nivel por nosotros mismos. Sería como intentar construir una escalera hasta la luna. La verdad es que, abandonados a nuestras fuerzas, usted y yo somos esclavos del pecado.

Él era un hombre que, aunque exitoso según cualquier criterio mundano, había sido esclavo de muchos crueles señores.

¿Cómo puede hacer el viaje hacia el perdón y la reconciliación con Dios? Para ayudarle a contestar esa pregunta, permítame contarle acerca de un amigo mío que descubrió el camino correcto.

Poco después de que Vonette y yo empezáramos la Campus Crusade for Christ en la UCLA [Universidad de California en Los Ángeles] conocí a un hombre muy adinerado. Él era dueño de cinco periódicos y parecía tenerlo todo, con todo el poder y las posesiones que una persona podría querer o necesitar. Pero, en realidad su vida era un desastre, era alcohólico y se había casado y divorciado dos veces, y su matrimonio actual se hallaba al borde de una crisis. Mi amigo se sentía completamente esclavizado por el pecado y el fracaso.

Una noche, él y su esposa me acompañaron al servicio religioso. Cuando hice la invitación para recibir a Cristo, ambos salieron de la iglesia. Después, permanecí en silencio mientras caminábamos por el estacionamiento, pero mi amigo habló. Quería saber si era demasiado tarde para que él y su esposa recibieran a Cristo. Usted podrá imaginar mi respuesta. Manejamos hasta mi casa, doblamos nuestras rodillas y esta amada pareja invitó a Cristo a entrar en sus corazones.

Desde ese momento, él empezó a leer su Biblia durante horas. Él nunca más volvió a ingerir licor. Y se convirtió en uno de los hombres de negocios más influyentes que he conocido. Generosamente, donó una gran parte de su fortuna para promover el *Presidencial Prayer Breakfast* [Desayuno de oración presidendencial] y para patrocinar los banquetes de Visión Mundial en pro de los niños necesitados. Este hombre ministró conmigo en barrios miserables y en cárceles. Regularmente, llevaba a otros hombres de negocios a Cristo. Dios lo usó poderosamente para alcanzar a miles de prominentes hombres de negocios, y parecía tener un propósito nuevo y emocionante para cada día. Mi amigo fue más feliz y vigoroso que nunca. Verdaderamente, sus pecados fueron perdonados y fue una nueva criatura.

El cambio fue total, pero sucedió solo cuando él llegó al punto en que deseó la libertad y el perdón más que cualquier otra cosa en el mundo. Llegó cuando él estuvo dispuesto a caer de rodillas, a renunciar al liderazgo fallido de su propia vida, y a permitirle a Cristo ser su Señor por siempre. Él era un hombre que, aún cuando era exitoso según cualquier criterio mundano, había sido esclavo de muchos señores crueles: del licor, del poder, de las relaciones mundanas y de su propia culpa. Pero cuando el hijo nos libera, somos verdaderamente libres. Cada uno de nosotros puede vivir tan activa y abundantemente como mi amigo, si solamente vivimos por el mismo poder.

El costo de su salvación

J esús ofrece su perdón a los pecadores gratuitamente, pero no sin un gran costo para sí mismo.

El 21 de mayo de 1946, en los Álamos, un joven científico llamado Louis Slotin, preparaba diligentemente una prueba atómica. Antes de que ésta importante prueba pudiera realizarse en las aguas de los Mares del Sur, él necesitaba determinar la masa crítica, es decir, la cantidad de U-235 necesaria para iniciar una reacción atómica en cadena. Él había dirigido el mismo experimento muchas veces antes. En cada ocasión, él empujaba los dos hemisferios de uranio acercándolos. Luego, justo cuando la masa se volvía crítica, él separaba los hemisferios con un desatornillador. Pero ese día, justo cuando el material se volvió crítico, ¡se le resbaló el desatornillador! Los dos hemisferios de uranio se acercaron mucho entre sí, y la habitación se llenó de una niebla azulada.

Sin pensar en su propia seguridad, Slotin separó con violencia los dos hemisferios con sus manos sin ninguna protección, e interrumpió la reacción en cadena. Al ponerse a sí mismo en el centro de la mortal reacción nuclear, salvó las vidas de otras siete personas que se encontraban en la habitación.

Mientras esperaba a que lo llevaran al hospital, Slotin le dijo serenamente a un compañero: «Ustedes estarán bien, pero yo no tengo ni la más mínima esperanza». Nueve días después, el murió en agonía.

Hace casi dos mil años, Jesucristo se encargó personalmente de la «masa crítica» de nuestros pecados y soportó una muerte agónica. Al hacerlo, interrumpió la reacción en cadena. El sacrificio de Cristo y su resurrección triunfal quebrantaron el poder del pecado en nuestras vidas, y nos hicieron justos delante de Dios. Debido a su sacrificio, nuestra naturaleza ha sido transformada y nuestra identidad ha sido cambiada. Dios ya no nos ve como pecadores sino como santos.

En una conversación con un líder religioso de su época, Jesús dijo: «Porque tanto amó Dios al mundo, que dio a su Hijo unigénito, para que todo el que cree en él no se pierda, sino que tenga vida eterna. Dios no envió a su hijo al mundo para condenar al mundo, sino para salvarlo por medio de él» Juan 3:16-17. Se ha construido el gran puente. Se ha establecido el medio para que usted y yo seamos limpiados de la terrible mancha de nuestros pecados y para que experimentemos el perdón que imploramos.

¿Cómo pudo construirse un puente sobre ese gran abismo: el gran abismo entre sus pecados y la santidad de Dios?

Jesús dijo: «Nadie tiene amor más grande que el dar la vida por sus amigos» Juan 15:13. Durante el conflicto en Vietnam, la Medalla de Honor del Congreso fue otorgada póstumamente a un soldado que pagó el precio más alto posible. Una granada activada cayó en una trinchera donde estaban él y otros soldados. No había tiempo de tomarla y lanzarla lejos. Entonces, para poder salvar a sus compañeros de armas, el valeroso soldado se lanzó sobre la granada en explosión. El soldado murió inmediatamente, por supuesto, pero salvó muchas otras vidas.

Cristo hizo el mismo tipo de sacrificio, pero a escala mundial. Recuerde que la vida y el corazón de Cristo eran puros y sin pecado. Él, y solamente él, pudo estar de pie puro y sin mancha ante el trono de su Padre. Aún así, Jesús renunció a su justa condición, entregó su vida, y cubrió el pecado, el cual es más explosivo que cualquier bomba, que nos hubiera destruido a cada uno de nosotros:

«En otro tiempo ustedes, por su actitud y sus malas acciones, estaban alejados de Dios y eran sus enemigos. Pero ahora Dios, a fin de presentarlos santos, intachables e irreprochables delante de él, los ha reconciliado en el cuerpo mortal de Cristo mediante su muerte».

COLOSENSES 1:21-22

APARTADO PARA DIOS

Su naturaleza pecaminosa le impidió entrar en la presencia de Dios. «Porque la paga del pecado es muerte, mientras que la dádiva de Dios es vida eterna en Cristo Jesús, nuestro Señor» Romanos 6:23. En otras palabras, usted merece la destrucción total; pero ha recibido el perdón total: el único tipo de perdón que puede salvarlo. Usted lo recibió por medio del sacrificio completo del único que calificaba plenamente. Cristo pagó el precio más alto por el más completo perdón de lo menos valioso.

> ❖
> *Dios tomó todos sus pecados, presentes, pasados y futuros, y los clavó en la cruz.*

Su padre sabía que usted no podía regresar a casa, como el padre de Henry. Él sabía que usted había viajado a un lugar corrompido y había caído en la esclavitud del pecado. Usted necesitaba que lo rescataran, entonces, él llegó a liberarlo. Pero el pecado tiene consecuencias. Nosotros, como sus hijos caídos en el pecado, llevamos las marcas de toda nuestra rebelión y de nuestras faltas. No se trataba de que Dios, simplemente, se olvidara de todo el daño que se había hecho. Recuerde, en la santa presencia de Dios solamente puede haber perfección.

La santa Palabra de Dios nos dice que Jesucristo, a través de su muerte en la cruz, nos ha hecho libres: libres del pecado, libres de la ley, y libres de la esclavitud que el pecado y la ley traen.

La Biblia explica: «Antes de recibir esa circuncisión, ustedes estaban muertos en sus pecados. Sin embargo, Dios nos dio vida en unión con Cristo, al perdonarnos todos los pecados y anular la deuda que teníamos pendiente por los requisitos de la ley. Él anuló esa deuda que nos era adversa, clavándola en la cruz» Colosenses 2:13-14.

Cuando Cristo murió en la cruz, él no pagó solo por los pecados pequeños o solo por algunos de ellos. Dios tomó todos sus pecados, presentes, pasados y futuros, y los clavó en la cruz.

Ante los ojos de Dios, su viejo ser está verdaderamente muerto. Es como si su versión pecaminosa nunca hubiera existido. Dios prefiere ver toda la perfección y la pureza de su Hijo amado, y está deseoso de poner a su disposición todos los dones de un heredero del reino de los cielos. ¡Que maravilloso que todos nuestros pecados hayan sido lavados debido al sacrificio de nuestro amado Salvador! La Biblia proclama: «Y eso eran algunos de ustedes. Pero ya han sido lavados, ya han sido santificados, ya han sido justificados en el nombre del Señor Jesucristo y por el Espíritu de nuestro Dios» 1 Corintios 6:11. Jesús sacrificó su vida y nos cubrió con su sangre para que pudiéramos ser perdonados de nuestros pecados.

CUBIERTO CON LA SANGRE

¿Qué significa exactamente estar cubierto con la sangre de Cristo? El notable ministro Henry A. Ironside lo explica muy bien al recordar la época en la que predicaba en una pequeña ciudad en Washington. Esto ocurrió mientras estaba como huésped, invitado por unos amigos que criaban ovejas. Era temporada de parto de los animales. Una mañana, Henry observó a las ovejitas recién nacidas jugando en la pradera. Un corderito u ovejita, en especial, captó su atención. Éste parecía tener seis patas, y su lana colgaba flojamente de su cuerpo. Cuando el predicador mencionó esta curiosidad, uno de los ovejeros tomó a la ovejita y se la trajo. Entonces, se reveló el misterio. Sobre el cordero, y puesta de lado a lado, estaba la piel de otro cordero que había muerto por la mordedura de una serpiente cascabel. Éste corderito de extraña apariencia era huérfano, y a pesar de que los ovejeros habían tratado de que fuera adoptado por la madre del muerto, ésta lo rechazaba porque no reconocía su olor. No fue sino hasta que los ovejeros despellejaron a la oveja muerta y colocaron su lana sobre la oveja viva que, por fin, fue reconocido y aceptado como hijo por la oveja adulta.

Jesús sacrificó su vida y nos cubrió con su sangre para que pudiéramos ser perdonados de nuestros pecados. Cuando Dios nos mira, él ve la rectitud de su perfecto y amado Hijo. Gracias a Cristo, Dios está dispuesto a adoptarnos como sus propios hijos.

LIBERTAD

No solo se nos ha declarado libres del pecado sino también libres de la ley. ¿Qué significa eso? Significa que no es necesario que vivamos bajo la aplastante carga de intentar agradar a Dios a través de una conducta perfecta. No podemos hacerlo y nunca podremos. Pero Cristo nos ha purificado por medio de su muerte en la cruz, y somos perdonados de todos nuestros pecados y faltas del pasado, presente y futuro. No significa que somos libres de pecar descaradamente, todo lo contrario. Somos libres para que intentemos agradar a Dios, desde nuestros corazones rebosantes de gratitud. Caminamos en el poder y la presencia del Espíritu Santo, quien nos lleva a vivir, cada vez más, de una manera que complazca a nuestro Padre.

«Así que si el Hijo los libera, serán ustedes verdaderamente libres» Juan 8:36. Eso significa totalmente libres: del pecado, de la culpa y de los requerimientos imposibles de la ley.

La pregunta es: *¿Desea tanto ese perdón como para aceptarlo?*

YA ESTÁ HECHO

El 6 de Junio de 1944, la Fuerza Expedicionaria Aliada, compuesta por ejércitos de varios países, invadió Francia en las playas de Normandía. Las fuerzas armadas de Adolfo Hitler habían extendido su régimen de terror por toda Europa, y esas playas estaban fuertemente protegidas. Pero ese día, miles de soldados dieron sus vidas para liberar a Europa y traer libertad a su pueblo. Rommel, el general de campo de Hitler, les dijo en confianza a sus subordinados que, si la invasión del Día D tenía éxito, la guerra estaría perdida. Habría mucho más combates, mucho más batallas, y las fuerzas del Eje podrían ganar aún unas cuantas. Pero el gran sacrificio se había hecho, la sangre de los soldados aliados había derrotado al régimen del terror.

En términos espirituales, Cristo trajo el mismo tipo de liberación. La diferencia es que él la trajo sobrenatural y eternamente.

PÓNGALO EN PRÁCTICA

Le animo a que dedique algún tiempo en la reflexión de este capítulo. Permita que estas verdades lo llenen, para que nunca olvide esto: Usted seguirá siendo imperfecto, pero en los dominios celestiales Dios lo ve a usted puro y sin tacha, al igual que su Hijo. Hasta que usted se aferre a esta verdad con todas sus implicaciones, nunca conocerá el poder radical del perdón total.

Cuando usted se da cuenta de cuanto lo estima Dios, tiene en sus manos la llave para conocerse y amarse a sí mismo de una manera completamente nueva.

¿Puede imaginar cuan diferente sería su vida si usted se viera a sí mismo como Dios lo ve? Los siguientes ejercicios le ayudarán a empezar a interiorizar la extraordinaria verdad de su nueva posición delante de Dios.

1. Comience haciendo una lista de los todos atributos de Dios que pueda imaginar. Deténgase y ofrezca acción de gracias y alabanza, porque podemos conocer a un Padre tan maravilloso. Reflexione en la majestad y en la pureza de su presencia, y pase tiempo en adoración. Usted debe empezar cada ejercicio espiritual de esta manera, porque debemos saber, y reconocer quien es Dios, antes de que podamos tener acceso a cualquier verdad nueva sobre nosotros mismos.

2. Haga una lista de sus pecados. Haga una lista de los diez pecados principales que más le preocupan, en vez de la meta imposible de completarlos todos. Estos pueden ser actitudes, hábitos o cualquier cosa en su vida que usted sabe que deshonra a Dios de alguna manera. Dedique un tiempo para la oración por cada uno de ellos, y confiese esos pecados a Dios con sinceridad.

Cuando él invadió el mundo, quebrantó el poder del enemigo sobre nuestras almas. Su sangre proporcionó el sacrificio. Él nos liberó para que experimentáramos el perdón, el amor y el poder a través del Espíritu Santo. El diablo aun vive y lucha, pero la guerra ha sido ganada a nuestro favor.

Nuestro problema es que no nos damos cuenta o no comprendemos cómo están las cosas. Continuamos luchando como si Cristo no hubiera ganado la victoria. Seguimos cargados con el pecado como si el diablo tuviera algún poder sobre nosotros en absoluto, lo cual, mis amigos, no es así. La única esperanza para nuestro rescate vino por medio de la invasión de Cristo a este mundo en tinieblas, y debemos depender de él y solamente de él.

El apóstol Pablo escribió: «Por lo tanto, ya no hay ninguna condenación para los que están unidos a Cristo Jesús, pues por

3. Revise cada pecado de la lista y concéntrese en que la sangre de Cristo derramada lo perdona de ese pecado. Utilice un lapicero rojo y haga una línea sobre cada uno, mientras declara que Dios nunca más mirará ese pecado, que usted está perdonado de su falta, y que usted «se irá y no pecará más» Juan 8:11. Tome todo el tiempo que necesite para aceptar completamente el perdón de Dios. Se nos han dado regalos, pero éstos también deben aceptarse concientemente. Pase más tiempo agradeciendo a Dios por su gracia y provisión.

4. Piense en los siguientes días y semanas: en la vida familiar, el trabajo, la escuela, o en cualquier círculo en el que se encuentre. Comprenda que cualquier pecado que usted cometa ya está perdonado en virtud del sacrificio de Cristo. Escriba los errores que usted pueda cometer, actitudes pobres que posiblemente pueda tener, o cualquier falta que pueda cometer. Reconozca el perdón de Dios y pida su poder para vivir en victoria.

5. Imagínese a sí mismo, de pie ante la presencia del Señor, gozoso y sin culpa, con el conocimiento de que su Padre lo estima igual que a su propio Hijo. Ofrezca una oración como esta, pero con sus propias palabras: Mi precioso y amoroso Padre, sé que soy totalmente perdonado. Sé que tú te has llevado mis pecados tan lejos como está el este del oeste. Puedo verme a mí mismo tal como tú me ves: puro y sin pecado, y elijo vivir el resto de mis días a la luz de este hecho. Hago, ahora mismo, el pacto de levantarme cada mañana y pasar tiempo contigo, y de vivir como un hijo santo y escogido del Rey, en vez de vivir como un alma caída y confundida de este mundo. En tu fuerza y dirección lo haré. Amén.

medio de él la ley del Espíritu de vida me ha liberado de la ley del pecado y de la muerte» Romanos 8:1-2.

EL ÚNICO CAMINO

¿Ve usted los términos calificativos en esos versículos? *Cualquiera que crea en él; aquellos que están en Cristo Jesús.* El perdón total proviene exclusivamente de Cristo y no está disponible en ninguna otra parte. Esto significa que hay un puente, y solamente uno, para cruzar el abismo que nos separa de Dios y su perdón. Debemos permitir que la cruz tienda un puente sobre el abismo y, aceptar el camino que Cristo nos ha ofrecido.

Es muy importante comprender cuales cambios ocurren cuando lo aceptamos a él. ¿Nos convertimos en personas perfectas? No en absoluto. Seguiremos siendo humanos, y todavía tropezaremos, no obstante, nunca más debemos ser esclavos del pecado. ¿Son los estándares de Dios menos perfectos? Definitivamente no. La diferencia es que Dios nos mira y ve la pureza de Cristo, porque él miró la cruz de su Hijo y permitió el castigo de todos nuestros pecados.

3

Buscar el corazón de Dios

Actualmente, muchas personas niegan la mancha del pecado en sus vidas. Otros intentan pasar por alto la mugre de su pecado al decir: «No es tan malo». Algunos intentan excusar sus defectos afirmando: «No soy peor que los demás». Y muchos otros prueban sus propios métodos para sobreponerse a las manchas del pecado en sus vidas. No obstante, la única esperanza que alguien tiene para vencer el pecado, es la limpieza espiritual: limpieza que solo Dios puede hacer a través de su Hijo, el Señor Jesús, quien murió y derramó su sangre por nuestros pecados.

Considere al Rey David: Él vivió hace tres mil años, pero en nuestro tiempo lo recordamos como «el hombre conforme al corazón de Dios». Él era un hombre privilegiado, un comunicador natural y elocuente, un atleta nato, un héroe militar y un devoto del buen arte y de la buena música. Solo una vez, en varias generaciones, surgirá un líder de tales dotes y talento natural, capaz de llevar a su pueblo a la grandeza.

Y eso es exactamente lo que él hizo. Bajo su competente dirección, esta nación se posicionó entre los imperios más prósperos del mundo. Su ejército era temido. Su fortuna era impresionante. Este líder estableció un régimen que parecía capaz de mantener el poder durante muchas décadas. ¡No es de sorprenderse porqué el pueblo lo amaba tanto! Él era uno de los gigantes de su época, el más honrado y cumplido de los líderes del mundo.

No obstante, en privado, las cosas eran diferentes. Él fue un hombre que cometió adulterio y asesinato, y luego intentó esconder sus acciones en una telaraña de mentiras. Seguramente sus transgresiones se escaparon a la luz pública. Aun si el gobierno tuviera éxito en blanquear sus acciones por medio de un cuidadoso encubrimiento, Dios lo sabría. Nuestro justo Dios juzga los pecados del corazón del hombre. Nosotros esperamos que él desenmascare el fraude de este líder. ¿Pero qué dijo Dios acerca de este hombre?

Dios llamó a este líder: «Un hombre conforme a mí corazón» Hechos 13:22. Él amaba a este líder, al Rey David, de una forma especial. Le permitió permanecer en el poder y continuó trabajando a través de él.

¿Cómo puede ser esto? David cometió, con premeditación y alevosía, adulterio con una hermosa mujer casada llamada Betzabé. Luego, cuando la mujer quedó embarazada, David se involucró en una red de maquinaciones deshonestas para cubrir su pecado, y para hacer parecer que el esposo de la mujer, Urías, era el verdadero padre el niño. Cuando estos esfuerzos fracasaron, David, simplemente, planeó una muerte rápida para Urías. Hizo colocar al hombre, un leal soldado que veneraba a David, en la primera línea de batalla. De esta manera, en un terrible enredo de acciones y reacciones, David violó tres de los Diez Mandamientos.

EL ARREPENTIMIENTO

¿Cómo es posible que, un hombre que hizo cosas tan terribles, fuera descrito tan amorosamente en las Escrituras como el hombre conforme al corazón de Dios?

Nosotros, legítimamente, demandaríamos responsabilidad de cualquier líder, (o cualquier ser humano, para el caso), que fuera atrapado en un pecado tan evidente. ¿Permitiría Dios que estos pecados quedaran impunes? ¿Practicó Dios, de algún modo, favoritismo y mantuvo a David apegado a un bajo nivel de rectitud? No, Dios no hizo eso. Para empezar, el precio del pecado de David fue su hijo aun no nacido. Ese fue el terrible precio que pagó el rey por sus transgresiones. Pero David evitó un juicio más aplastante porque algo sucedió en su corazón: él se arrepintió. El doloroso arrepentimiento pavimentó el camino del perdón total. David vio el horror de su pecado, y admitió que estaba verdaderamente arrepentido.

Después de que Natán el profeta confrontó a rey con su maldad, la carga completa de su terrible culpa agobió a David: El Salmo 51 contiene el poderoso testimonio de su remordimiento, ya que incluye las palabras de la oración que David ofreció a Dios en el terrible momento de encarar el despertar de su conciencia moral.

«Ten compasión de mí, oh Dios,
    conforme a tu gran amor;
conforme a tu inmensa bondad,
    borra mis transgresiones.
Lávame de toda mi maldad
    y límpiame de mi pecado.
Yo reconozco mis transgresiones;
    siempre tengo presente mi pecado.
Contra ti he pecado, sólo contra ti,
    y he hecho lo que es malo delante de tus ojos;
por eso tu sentencia es justa,
    y tu juicio, irreprochable».

SALMOS 51:1-4

Y en el Salmo 32, él expresa el gozo que sintió debido al amor de Dios y al perdón:

«Dichoso aquel a quien se le perdonan sus transgresiones,
a quien se le borran sus pecados.
Dichoso aquel a quien el SEÑOR no toma en cuenta
    su maldad
y en cuyo espíritu no hay engaño.
Mientras guardé silencio,
    mis huesos se fueron consumiendo
    por mi gemir todo el día.
Mi fuerza se fue debilitando
    como al calor del verano,
porque día y noche
    tu mano pesaba sobre mí.

Pero te confesé mi pecado,
  y no te oculté mi maldad.
Me dije: «Voy a confesar mis transgresiones
  al SEÑOR»,
y tú perdonaste mi maldad
  y mi pecado».

SALMO 32:1-5

UN CAMBIO DE CORAZÓN

David, desde su vasta experiencia, expresa esta advertencia desde su corazón: «Por eso los fieles te invocan en momentos de angustia; caudolosas aguas podrán desbordarse, pero a ellos no los alcanzarán» Salmo 32:6. Me preocupan las multitudes de cristianos, cuyos corazones no cambian cuando están siendo disciplinados por Dios debido a sus pecados no confesados. Ellos deben experimentar todo tipo de cosas como resultado de sus pecados, como por ejemplo: reveses financieros, enfermedades físicas, y cualquier otro tipo de problemas, todo porque son desobedientes a Dios y él intenta obtener su atención para poder bendecirlos y enriquecer sus vidas.

Nos levantamos ante Dios en pureza y rectitud, a pesar de los pecados que hemos cometido. Cuando Cristo nos libera, somos verdaderamente libres. El Señor se rehúsa a mirar nuestros pecados, siempre y cuando permitamos que éstos sean cubiertos con la sangre de Cristo.

Como cristianos celebramos esta maravillosa verdad, pero, inmediatamente, las piedras de tropiezo vienen después. Inevitablemente, pecamos de nuevo, ya sea en menor grado, o en algo tan grande como la terrible trasgresión de David. Rápidamente, olvidamos que *todos* nuestros pecados, incluyendo los futuros, están cubiertos. Y, por consiguiente, nos agobiamos nuevamente con la culpa y el remordimiento. Imaginamos la ira de Dios, y permitimos que nuestra falta se convierta en un obstáculo en nuestra relación con Dios. Muy a menudo, esta nueva evidencia de pecado desalienta a la gente hasta alejarla de Dios. Cada vez oran menos. Evitan la iglesia y la Palabra de Dios. Todas estas cosas les recuerdan su conciencia culpable.

Pero, ¿cuánto perdona Dios? Todo el pecado que podamos cometer.¿Hasta dónde irá su perdón? Hasta lo profundo de las peores transgresiones que podamos imaginar. No podemos «agotar» su perdón.

El principio de David

Resulta innecesario decir que nuestros pecados no tienen consecuencias en este mundo. Indudablemente, la mayoría de ellos las tienen. Y Dios nos disciplina cuando lo necesitamos. Eso no significa que él *no tenga conocimiento* de nuestras transgresiones, simplemente se niega a *tomarlas en cuenta* al juzgarnos. Nosotros necesitamos una compresión clara de cómo Dios maneja progresivamente el pecado y de cómo debemos manejarlo nosotros.

Le animo a que haga lo que yo hago cuando atravieso dificultades: vuélvase al Señor y dígale: «¿Señor, hay algún pecado en mi vida que cree la necesidad de que me disciplines?» Las Escrituras dicen que Dios a quien ama disciplina (Hebreos 12:6). Cuando usted tropieza de alguna manera, es importante que mire el espejo del Señor y confiese cualquier pecado que él le revele. Aquí es cuando el «Principio de David»: arrepentimiento, confesión y perdón, será determinante en su vida. El conocimiento de las estrategias bíblicas lo mantendrá cerca de Dios. A decir verdad, usted no solo evitará salirse del curso previsto de Dios, sino que él usará sus faltas y arrepentimiento para hacerlo más fuerte y sabio que nunca. En otras palabras, sus fracasos no deben ser piedras de tropiezo para su fe, mas bien, deben ser firmes escalones de un crecimiento espiritual genuino.

> ❖
>
> *Él usará sus faltas y arrepentimiento para hacerlo más fuerte y sabio que nunca.*

Imagine que usted llega a casa después de un largo día de trabajo. Está cansado y no está en su mejor condición. Su cónyuge hace algún comentario que provoca que, usted irritado, conteste con palabras poco amistosas que sabe inapropiadas. Inmediatamente, usted siente un suave empujón en su corazón, el cual es señal de que el Espíritu Santo le está mostrando su pecado. El nunca acusa, solo el diablo lo hace. El Espíritu, gentil y amorosamente, le señala que usted ha hecho mal, y usted comprende que un hijo de Dios puede y debe actuar mejor, que debe proceder a la confesión y a retribuir el daño causado.

En esta situación, a luz de su convicción, usted hace una pausa, sin importar lo que esté haciendo, y toma un momento para confrontar su propio pecado. Simplemente reconozca que ese pecado es lo que es, olvide las excusas. *Pecado es pecado*.

Entonces, por fe, simplemente descargue su alma en Cristo. Eso significa, que usted ratifica que cualquier pecado es un pecado por el cual Cristo ha muerto. Ese pecado está perdonado, la mancha ha sido lavada. Confiese su pecado a Dios, y luego arrepiéntase. Eso significa volverse en dirección opuesta, y tomar la decisión de evitar ese pecado en el futuro. Vaya y discúlpese con su cónyuge, y permítale al Señor enseñarle una lección útil a través de toda esta situación.

«¿POR QUÉ DEBO CONFESAR MIS PECADOS SI YA HE SIDO PERDONADO?»

La limpieza de Dios de sus pecados, los cuales son un obstáculo para usted, abre el camino para la vida abundante y plena a la cual Jesús lo ha llamado. Por fe, puede afirmar, sin lugar a dudas, que lo que Jesús ha dicho y ha hecho por usted es verdad. Por fe, usted puede verse a sí mismo como Dios lo ve, como un hijo amado, perdonado y limpiado. Por fe, usted puede confesar sus pecados y arrepentirse, y por fe puede aceptar el perdón y la limpieza de Dios.

Muchas personas se confunden en ese punto y hacen una muy buena pregunta: «¿Si Cristo ya ha pagado el castigo de mis pecados, por qué debo confesarlos? ¿Si mis pecados ya han sido cubiertos completamente con la purificadora sangre de Cristo, y realmente lo han sido, por qué sacar el tiempo para desempolvarlos y confesarlos, y tomarlos en cuenta cuando Dios no lo hace?»

Si Cristo ya ha pagado el castigo de mis pecados, ¿Por qué debo confesarlos?

A pesar de la mala interpretación de muchos creyentes, la confesión no causa el perdón. Cristo ya nos otorgó el perdón hace dos mil años en el calvario. Los nuevos pecados no nos quitarán la salvación que Dios nos ha dado, pero pueden y se volverán un obstáculo que destruye nuestra relación con nuestro Padre. Por medio de la confesión, tratamos con el efecto de nuestros pecados sobre «el aquí y el ahora». En el reino celestial, aún nos presentamos limpios y puros ante nuestro Padre. Pero en la tierra, y en la carne, ¡no nos sentimos tan bien! Sabemos que nuestro pecado ha dañado nuestra relación con Dios, con los demás y con nosotros mismos. Necesitamos una manera para enfrentarlo y para luchar contra sus efectos reales en nosotros en este mundo.

Al confesar su pecado, usted actúa con base en su fe en Dios y en su Palabra. La confesión no le dará más perdón. Cristo ya lo ha perdonado de una vez y para siempre. Pero al admitir sus pecados, establece como algo vivencial suyo lo que Dios ha hecho, por usted, por medio de la muerte de su Hijo. En otras palabras, la cruz gana nuestro perdón y la confesión afirma el poder de ese perdón para ayudarnos a vivir una vida santa y recta.

MANTENERSE LIMPIO

Supongamos que usted dedica una gran cantidad de tiempo en mantener su hogar hermoso. Pasa años estudiando decoración de interiores, reemplazando su viejo mobiliario por finas antigüedades; logra que las paredes, los pisos, y hasta los cielos rasos sean lo más bonitos y perfectos posibles. Finalmente, una revista envía a un fotógrafo para crear un perfil fotográfico de su adorable casa. La red de televisión por cable que se especializa en casas hermosas: HGTV [por sus siglas en inglés], graba un programa sobre su casa. Y finalmente usted gana el premio: «La casa más hermosa del año».

Mientras usted centra la declaración escrita, atractivamente enmarcada, en la pared de su sala de estar, su hijo que ronda por allí, choca contra usted, y derrama una malteada de chocolate sobre su inmaculada alfombra. ¿Qué hace usted? Talvez sonríe y le dice: «¿Para qué preocuparse por ese reguero? No nos costará el premio de "la casa más hermosa del año"». Luego se da la vuelta y sale de la habitación.

¡Improbable, que actúe así! Al respecto, realmente, para usted significa mucho tener su casa limpia. Esa malteada de chocolate arruina el efecto completo. Usted querrá limpiarla inmediatamente, aunque una nueva mancha en nada perjudica al honor que usted ha recibido.

Precisamente así es como nos sentimos con respecto al perdón y la confesión. El perdón ha sido alcanzado. La guerra ha sido ganada, pero nosotros desearemos ganar todas las batallas que sigan. Cristo ha muerto por nosotros, y queremos que nuestras vidas sean lo más limpias y puras posible. Así como los hogares pueden deslizarse lentamente hasta un descuidado desorden, las vidas pueden resbalarse más y más lejos del compañerismo cercano que necesitamos con el Señor.

LA RESPONSABILIDAD

John Wesley fue uno de los líderes cristianos más poderosos. Bajo su dirección, los creyentes cristianos se reunían en

PÓNGALO EN PRÁCTICA

Empiece a vivir en estas verdades al hacer lo siguiente:

1. Asegúrese de que usted se aferra a su «primer amor» por Jesucristo (Apocalipsis 2:4). Recuerde el día en que aceptó por primera vez al Señor como su Señor y Salvador. ¿Todavía siente el mismo amor y la misma devoción? Si no es así, trabaje inmediatamente en volver a encender las chispas pasando más tiempo con él. Antes de que se motive en buscar el corazón de Dios, usted necesitará hacer algún trabajo de mantenimiento en su corazón. Pase tiempo en la revisión de las cosas que Dios ha hecho en su vida. Déle gracias a Dios y ofrézcale su alabanza y adoración. Pídale que renueve dentro de usted la sensación de su presencia y poder.

2. Identifique aquel comportamiento arraigado en su vida que usted siente que funciona como el obstáculo más grande en su relación con Dios. ¿Por qué persiste este comportamiento? ¿Confiará en que Dios le dará la victoria sobre esa conducta? Proclame el poder de Dios y cree un plan para mantener esta conducta fuera de su vida, así como también de confesarlo ante la posibilidad de que ocurra de nuevo.

3. Dibuje un mapa de su alma como si ésta fuera una casa. Debido a que su cuerpo es el templo del Espíritu Santo (1 Corintios 6:19), esta es una analogía razonable. ¿Cuáles aspectos en la «casa» glorifican más a Dios? ¿Cuáles lo glorifican menos? ¿Qué puede hacerse para que el ambiente de la casa sea digno del Espíritu Santo? Escriba algunos planes de acción que puede tomar para hacer el dominio de su vida más glorificante para Dios, luego pase tiempo

pequeñas comunidades para mantenerse entre si en el camino correcto de la vida.

Se retaban unos a otros en lo referente a sus decisiones y su crecimiento espiritual. Wesley llamó esto: «Vigilarse unos a otros con amor». No había nada mortificante ni ortodoxo sobre eso, Ellos estaban determinados a mantener a cada uno dentro de la responsabilidad de llevar una vida santa.

Inclusive, antes de que un nuevo creyente entrara a la comunidad de fe, el recién llegado era fuertemente cuestionado sobre su disposición para ser confrontado con sus pecados. Estos creyentes comprendieron que es desagradable comprender las partes grotescas de nuestra naturaleza, pero es mucho más desagradable y dañino enfrentar lo resultados que vendrían de no enfrentarlos.

---

en oración y pídale a Dios que lo guíe hacia la santidad por medio de la obra del Espíritu Santo.

4. Piense en un amigo que usted escogería como compañero de responsabilidad. Ya que los padres y cónyuges deben ser siempre compañeros de responsabilidad, intente buscar una persona importante que no pertenezca a su círculo familiar. Tal como lo describió John Wesley, usted necesita a alguien que «lo vigile a usted en amor». Tome la decisión de ser sincero y confíele a su amigo el mantenerlo a usted responsable de llevar un estilo de vida que glorifique a Dios en toda forma posible. Usted también crecerá espiritualmente al devolverle el favor a su compañero. Haga de esta reunión habitual una prioridad, al menos reúnanse semanalmente, si es posible.

5. Pase los siguientes días en oración y en la reflexión de una nueva resolución para buscar el corazón de Dios con una energía y un compromiso frescos. Haga una oración como esta: Señor, más que nunca deseo que tu corazón sea mi corazón. Quiero cuidar de los asuntos y planes que a ti te interesan. Quiero ser un templo santo para tu Espíritu en todas las maneras, y glorificarte a cada paso que doy, y con cada palabra que digo. Confesaré mis pecados ante mis compañeros creyentes y ante ti. Me arrepentiré de cada pecado que entre en mi vida, y con cada semana que pase seré más sabio, más fuerte y más valiente al proclamar tu bendito nombre en este mundo. *Amén*».

AMADO POR DIOS

Cuando Jesús tuvo su última conversación con sus discípulos congregados en el Aposento Alto, hizo esta oración por ellos: «Yo les he dado la gloria que me diste, para que sean uno, así como nosotros somos uno: yo en ellos y tu en mí. Permite que alcancen la perfección en la unidad, y así el mundo reconozca que tú me enviaste y que los has amado a ellos tal como me has amado a mí» Juan 17:22-23.

¡Piense en eso! Dios lo ama a usted al igual que ama a su único hijo engendrado, el Señor Jesucristo. Esta es una extraordinaria verdad con implicaciones asombrosas. David pecó mucho en su poder, pero el amor de Dios posee aun más poder. Mi amigo, nada de lo que usted haga podrá quitarlo del manto del perdón total que Cristo ha establecido para usted. Y cuando usted tropiece y caiga, Dios ha proveído una manera para que usted se levante de nuevo, y esa manera es a través de la confesión.

En la parábola del hijo pródigo, vimos que Dios lo ama a usted no *cuando*, *o si*, *o porque* lo merezca sino aún cuando usted es desobediente y rebelde.

¿Es esto verdad? Lo es. La Palabra de Dios no miente. Cuando usted confiesa sus pecados, Dios, en su amor incondicional, le da la bienvenida a su regreso y lo perdona ansiosamente. En vez de correr lejos de él con temor, usted puede correr hacia él a sus brazos amorosos, confiado en que él lo perdona. No importa lo que usted haya hecho, si usted es sincero con Dios, él puede pensar de usted, al igual que pensó de David, como una persona «conforme a su propio corazón».

David concluye su reflexión sobre la confesión al certificar: «Tu eres mi refugio; tú me protegerás del peligro y me rodearás con cánticos de liberación» Salmo 32:7. Por medio de la confesión y el arrepentimiento, su vida puede ser ese tipo de santuario seguro y jubiloso.

El autor de Hebreos lo expone así: «Despojémonos del lastre que nos estorba, en especial del pecado que nos asedia, y corramos con perseverancia la carrera que tenemos por delante» Hebreos 12:1.

4

Experimentar la purificación
de Dios

En la novela clásica de Víctor Hugo, *Los Miserables*, hay un personaje inolvidable llamado Jean Valjean, que es un hombre que había intentado dejar atrás su oscuro y delictivo pasado. Valjean se traslada a otra ciudad, comienza de nuevo, y construye una reputación de respetabilidad, y eventualmente se convierte en alcalde. Su pasado ha quedado atrás o, ¿talvez no es así?

Un día, llegan a sus oídos noticias de un país vecino. Se había arrestado a un anciano que robaba manzanas y se le había confundido con el conocido fugitivo Jean Valjean. Debido a la trágica equivocación, el anciano sería ejecutado en la horca.

El verdadero Jean Valjean afronta una verdadera crisis en su alma. Puede mantenerse tranquilo y continuar sirviendo fielmente a su ciudad como alcalde, y en consecuencia, permitir que un hombre relativamente inocente sea castigado en su lugar. O puede escoger renunciar a su nueva vida, declarar su verdadera identidad y ser colgado. Mientras Valjean piensa en esto, puede quedarse en el paraíso y convertirse en demonio, o puede ir al infierno y convertirse en ángel.

Al final, Jean Valjean hace lo correcto. Justo antes de que el anciano fuera ejecutado, el alcalde da unos pasos hacia adelante y dice: «Yo soy Jean Valjean». La muchedumbre piensa que está loco. Entonces, el mira al gentío y dice: «¿Todos ustedes me consideran digno de lástima, ¿verdad? Cuando yo pienso lo que estoy a punto de hacer, creo que se me debería envidiar. Dios, quien está en lo alto, mira hacia abajo lo que estoy haciendo en este momento, y eso es suficiente».

DETENER AL PECADO EN SUS PROPIAS HUELLAS

Mi amigo, es verdad que la confesión es buena para el alma: una verdad más grande de lo que podemos comprender. Al igual que Jean Valjean, miramos como otros son acusados por los pecados que cometemos. Estamos de pie entre la multitud, y miramos a Cristo crucificado, porque él ha escogido, por su propia voluntad, pagar por todas nuestras maldades. Él ha escogido permitirnos establecer una refrescante nueva vida. ¿Pero ahora qué? ¿Continuaremos pecando? Cada vez que lo hacemos, crucificamos a Cristo de nuevo. Aún con el conocimiento de que podemos vivir en el poder del Espíritu Santo, elegimos desobedecer a Dios y clavarle una uña más en su mano rasguñada.

Yo no puedo soportar hacer eso. A pesar de que no puedo eliminar el pecado completamente en esta vida, puedo hacer dos cosas: puedo decidir llevar la vida más pura y santa posible, y puedo confesar cada pecado que sucede en mi vida. Sabré que Dios, que está en lo alto, mira hacia abajo y me da su aprobación. Y eso será suficiente.

Es por eso que he defendido el proceso de confesión conocido como «Respiración Espiritual». Yo creo que el pecado es de urgente atención. No hay tal cosa como que se trata de algo intrascendente; cualquier pecado, no importa lo pequeñito que sea, nos aleja de nuestro Señor y de la única fuente verdadera de la vida espiritual. Por lo tanto, no podemos darnos el lujo de empujar cualquier acto de desobediencia espiritual detrás de la repisa para futuras referencias, donde podría desarrollar una adherencia más fuerte en el alma. La mejor manera de luchar contra el pecado es de frente, en persona y de inmediato. El Salmista escribe: «Si en mi corazón hubiera abrigado yo maldad, el Señor no me habría escuchado» Salmo 66:18.

En el siguiente capítulo, intentaré explicar las mejores estrategias que conozco para eliminar los brotes del pecado en sus propios surcos.

---❖---

«SI CONFESAMOS NUESTROS PECADOS, DIOS,
QUE ES FIEL Y JUSTO, NOS LOS PERDONARÁ
Y NOS LIMPIARÁ DE TODA MALDAD».

1 JUAN 1:9

5

La respiración espiritual

Un día estaba hablando con un amigo por teléfono celular. En un punto de nuestra conversación todo lo que pude escuchar fue una fuerte estática. Alguna obstrucción había interrumpido la señal de radio y no escuché una parte de lo que mi amigo me había dicho. Una vez que el carro superó el obstáculo pude nuevamente escuchar su voz con claridad, y pudimos continuar con nuestra conversación.

El pecado obstruye su comunicación y su relación con Dios. Cuando usted tolera el pecado en su vida no puede escuchar a Dios. Usted se torna desalentado y confundido. Pronto, se encuentra a sí mismo viviendo en sus recuerdos de Dios en vez de vivir en una interacción vital con él. Todo lo que debe hacer para experimentar el perdón de Dios es confesar sus pecados: «exhale espiritualmente». Esa respiración limpiadora restaura su compañerismo con él.

Si usted se niega a tratar de manera sincera con Dios al pasar por alto sus pecados, usted se vuelve mundano y vive en las sombras en vez de caminar en la luz de Dios. Como 1 Juan 1:6-7 declara:

«Si afirmamos que tenemos comunión con él, pero vivimos en la oscuridad, mentimos y no ponemos en practica la verdad. Pero si vivimos en la luz, así como él está en la luz, tenemos comunión unos con otros, y la sangre de su Hijo Jesucristo nos limpia de todo pecado».

La pendiente resbalosa

Quizás usted está conciente de los pecados que no ha confesado a Dios. Como resultado, ha dejado su primer amor por él. Usted puede sentir resentimiento hacia alguien. Su relación con Cristo puede parecer mecánica y rutinaria. Sus oraciones parecen no llegar a Dios. Usted lee la Biblia, pero no recuerda lo que ha leído. Incluso, intenta hablar de Cristo, pero nadie responde.

Nuestro adversario, el diablo, desea que usted evite tomar en serio los pecados «pequeños». Él desea que usted piense en ellos después, siempre después. Él desea que usted haga una colección completa de pecados sin confesar hasta que éstos empiecen a tomar impulso, a moverse con fuerza. Al igual que cantos rodados diminutos, estos pecados recogen más escombros mientras rueden, por la cuesta de su vida. Descuide la oración hoy, diga una mentira mañana, murmure el siguiente día. Si usted no trae su problema ante Dios, descubrirá que esa pendiente resbalosa producirá un alud en su condición espiritual. Un día, usted despertará, y se dará cuenta de que su Señor se ha convertido en un extraño para usted.

Mantenga cuentas cortas

Usted no puede evitar por completo el pecado (aunque, por supuesto, debe vivir la vida más pura y correcta posible), pero puede confesar sus pecados inmediatamente y experimentar el perdón y la restauración antes de que se haga el daño. Para experimentar el perdón de Dios, simplemente confiese su pecado y acepte su perdón por fe. Yo llamo a esto «Respiración Espiritual». ¿Por qué se llama así? Sabemos que la respiración es uno de los elementos esenciales de la vida. Usted no puede vivir más que por breves momentos, si deja de respirar físicamente, si deja de exhalar dióxido de carbono y si deja de inhalar aire fresco. Así es indispensable en el mundo espiritual «exhalar» (confesar) lo que es impuro e «inhalar» (aceptar el perdón) de la pureza del limpiamiento de Dios y la restauración. Al igual que usted exhala e inhala físicamente, debe así también respirar espiritualmente.

Imagine que usted ha ofendido a Dios de alguna manera durante su día de trabajo. Talvez dijo palabras que fueron groseras o falló en algún aspecto de su responsabilidad personal.

El Espíritu Santo, rápidamente, lo pone al tanto de su trasgresión. En ese momento, no espere hasta después para considerar el asunto. Más bien, deténgase donde esté y confiese su pecado a Dios. Aun si usted está manejando su automóvil, puede silenciosamente reconocer su pecado a Dios.

Mientras usted entrega su mala acción a Dios, piense de esta como si la estuviera exhalando espiritualmente hacia fuera con el aire viciado. Asegúrese de que verdaderamente lo expulsó todo, y deseche ese pecado de su vida. Mientras exhala, reconozca que ese pecado pertenece al pasado y se ha ido, y que el Señor no lo guardará en su contra. Luego, «inhale» la maravillosa gracia y el perdón de Dios, quien lo hace a usted una persona pura de nuevo.

EXPÚLSELO CON EL AIRE VICIADO

Usted exhala espiritualmente cuando confiesa sus pecados. La Biblia promete que si usted confiesa sus pecados a Dios, él es fiel y justo para perdonarlo y para purificarlo de toda su maldad (1 Juan 1:9). El pecado sin confesar crea un corto circuito en el flujo del poder de Dios en su vida. Permítame ilustrarlo. Un día, hace años, el tren eléctrico de mi hijo dejó de funcionar de repente, mientras yo estaba manejando los controles. Yo no pude deducir, qué estaba mal. Separé el tren aparte y luego volví a ponerlo junto. Moví el enchufe hacia adentro y afuera del tomacorriente y no sucedió nada. Entonces descubrí que una pequeña pieza de metal, una señal de «No virar a la izquierda» había caído sobre los rieles, y ocasionado un corto circuito en la energía eléctrica.

Para mantener una vida cristiana victoriosa, usted debe mantener cuentas cortas con Dios. Al decir eso, me refiero a que usted debe confesar todo pecado que entre a su vida desde el momento en que el santo Espíritu de Dios se lo revela.

Si usted le contesta de mala manera a alguien durante una conversación, el Espíritu se lo hará notar. Confiese esa falta a Dios inmediatamente, arrepiéntase y discúlpese con su amigo. Usted estará verdaderamente sorprendido por las increíbles diferencias que notará de inmediato en su vida. Si se niega a confesar su pecado, usted se convierte en una persona carnal y camina en las sombras en vez de caminar en la luz del amor de Dios y del perdón.

Confesar sus pecados significa estar de acuerdo con Dios en cómo usted lo ha desobedecido. Su convenio consta de tres partes.

Primero, *usted está de acuerdo con que sus pecados están mal y que ellos afligen a Dios*. Dios es santo y no tendrá nada que ver con el pecado. A pesar de que él lo ama, aunque usted tenga en su vida pecados sin confesar, usted debe considerar su pecado tan seriamente como Dios lo hace. Proverbios 14:9 dice: «Los necios hacen mofa de sus propias faltas». El apóstol Juan escribe:

> «Si afirmamos que no tenemos pecado, nos engañamos a no-
> sotros mismos y no tenemos la verdad… Si afirmamos que no
> hemos pecado, lo hacemos pasar por mentiroso y su palabra
> no habita en nosotros».

1 JUAN 1:8,10

Segundo, *usted reconoce que Dios ya ha perdonado sus pe-cados* a través de la muerte de Cristo y del derramamiento de su sangre en la cruz. La confesión, entonces, es una expresión de la fe y un acto de obediencia, mediante la cual Dios hace realidad en su experiencia como creyente, lo que él ya ha he-cho para usted por medio de la muerte de su Hijo. Esta expe-riencia real y continua del perdón de Dios le ayuda a mantener un canal abierto, a través del cual, el amor y el poder de Dios pueden fluir.

Tercero, *usted se arrepiente*. Usted cambia su actitud, lo cual resulta en un cambio de acción. Por medio de la fortaleza del Espíritu Santo, usted se vuelve de sus pecados y cambia su con-ducta. En lugar de ceder ante la compulsión de su naturaleza mundana y carnal, usted hace, en el poder del Espíritu Santo, lo que Dios desea.

INHÁLELO CON EL AIRE PURO

Al inhalar, usted deja de ser un cristiano mundano y pasa a ser un cristiano espiritual, y por medio de la fe se apropia de la llenura y del poder del Espíritu Santo.

¿Cómo inhalamos de verdad? Tal como hemos visto, el per-dón ha sido concedido en la cruz como un asunto entre el

Padre y el Hijo. Cuando sabemos que el pecado se ha ido, el Espíritu ya nos está ayudando a hacer los ajustes necesarios para que no caigamos en esta trampa de nuevo, y para que podamos sentirnos maravillosamente limpios. No hay obstáculos entre Dios y nosotros.

SI HA SIDO POR UN RATO

Un amigo mío vive en el corazón del territorio sureño, donde las enredaderas de la hierba kudzu son una vista común a lo largo de las carreteras. Estas trepadoras provenientes de China se extendieron rápidamente a través de toda la región. Los jardineros saben del duro trabajo que cuesta impedir que la kudzu invada los traspatios y que cubran todos los árboles y que eventualmente los sofoquen. Ellos dicen que el primer año las enredaderas duermen, el segundo año reptan, ¡y el tercer año saltan!

Piense en el pecado de la misma manera. El pecado puede ser tan común como la kudzu matapalo, e incluso puede parecer inofensivo en el momento; pero no se le debe permitir al pecado estar cómodo en el santo templo de su alma. Pronto, éste se arrastrará lentamente, y lo tendrá finalmente a usted bajo su poder.

La confesión es como un buen par de tijeras podadoras. Usted se levanta diariamente como un jardinero alerta que vigila el jardín de su alma. Esas afiladas tijeras podadoras de la confesión le permiten a usted recortar esa enredadera mortal desde el momento en que sale a la superficie; y su jardín permanece hermoso y agradable para Dios, para sus amigos y para usted mismo.

Es posible que durante un lapso usted haya permitido que un grupo de pecados sin confesar se acumularan en su alma. Al igual que esa reptante enredadera, el pecado lo asfixia a usted espiritualmente, y lo expulsa de la intimidad con Dios. He aquí una variación de la Respiración Espiritual, la cual ha ayudado a miles de personas a experimentar el amor de Dios y el perdón después de estar alejados de Dios por un tiempo prolongado.

PRIMER PASO: HAGA UNA LISTA DE SUS PECADOS

Al inicio, pídale al Espíritu Santo que le revele cada pecado en su vida. Tome papel y lápiz, y haga una lista de cada pecado que él trae a su mente. Mientras escribe, confiésele su pecado a Dios. Háblele sobre lo que usted hizo mal. Ya sea un chisme sobre un compañero de trabajo o una relación de adulterio, ¡dígaselo a Dios! ¡Dígale *todo*!

Por ejemplo, supongamos que usted anotó que un día de la semana pasada recordó que tuvo una mala actitud hacia un colega. Luego habló mal de él con otras personas. Anótelo. Entonces simplemente diga: «Querido Señor, admito que tuve una mala actitud hacia Tony. Me equivoqué. Y le dije a Donna que él era una mala persona. Eso también estuvo equivocado. Lo siento. Gracias por morir en la cruz para perdonar mi pecado».

Es así de simple. Dios no busca palabras elocuentes. Él busca un corazón sincero. Humíllese ante Dios al hacer esto. Déle tiempo a Dios para que le revele todo aquello que le desagrada a él. Esta lista es solo entre usted y Dios, entonces sea completamente franco. Cuéntele todo en lo que se ha equivocado.

Su lista debe incluir aspectos como estos:
- El dejar su primer amor por Dios
- Pasar muy poco tiempo, o nada, en oración o en la lectura y el estudio de la Palabra de Dios
- Rara vez, si es que alguna vez lo ha hecho, da testimonio de Cristo
- Falta de fe en Dios
- Tener una actitud envidiosa o celosa
- Codiciar cosas materiales
- Tratar a los demás con prepotencia
- Actuar egoístamente
- Ser deshonesto, mentir
- Hablar de otros a sus espaldas
- Alimentar pensamientos inmorales
- Cometer pecados sexuales

Cualquiera que sea su pecado, anótelo. Y recuerde, nuestro amoroso Dios lo perdona: él dio a su Hijo, el Señor Jesús, para que muriera por sus pecados.

Después de escuchar este mensaje, un hombre joven dijo: «Yo no podía creer que necesitaba hacer una lista. Ni pensar en nada que estuviera seriamente equivocado en mi vida. Pero cuando vi a otros hacer sus listas, el Espíritu de Dios me dijo que hiciera lo mismo. No había áreas graves de desobediencia en su vida, pero él admitió que muchas cosas pequeñas habían mellado la agudeza de su amor y el testimonio por Cristo.

Él dijo: «Si yo no hubiera hecho mi lista, hubiera perdido una bendición especial de Dios».

Segundo paso: Escriba 1 Juan 1:9

Después de haber escrito los pecados que Dios le reveló, escriba la promesa de perdón de Dios en 1 Juan 1:9 a través de la lista. Dios nos promete: «Si confesamos nuestros pecados, Dios, que es fiel y justo, nos los perdonará y nos limpiará de toda maldad».

Tercer paso: Acepte su perdón

Cuando haya completado su tiempo de oración y confesión, acepte el perdón de Dios. Hágalo con fe. Como una semejanza del perdón de Dios, destruya la lista. Rómpala en pedazos o quémela para demostrar que Dios lo ha perdonado a usted completamente.

Cuarto paso: La restitución

Pregúntele a Dios si usted necesita hacer una restitución. Usted puede necesitar disculparse por tener una mala actitud hacia su colega. Puede necesitar pedirle a perdón a alguien por la manera en que usted lo trató o la trató. Puede necesitar devolver algo que ha robado.

Cualquiera que sea la situación, es importante para usted hacer una restitución a los demás. Usted no puede mantener una conciencia limpia ante Dios si aún tiene una conciencia culpable ante la gente. La confesión, a menudo, incluye hacer una restitución.

He aquí un ejemplo de cómo este simple proceso funciona en la vida de una persona:

Al final de una reunión médica cristiana sobre el perdón, un doctor aceptó este reto. Él hizo su lista, escribió 1 Juan 1:9, y luego destruyó la lista para simbolizar el completo perdón de Dios. Él estaba muy emocionado la siguiente mañana.

Él dijo: «Anoche, alrededor de la media noche, un doctor amigo mío vino a mi habitación y me dijo que durante años me había odiado. Todo el tiempo había fingido ser mi amigo. Mientras él hacía su lista, Dios le dijo que debía venir, hablarme y pedirme que lo perdonara. Entonces lo hizo. Luego tuvimos el más maravilloso tiempo de oración, y Dios nos reunió en una manera especial».

SI TODAVÍA ESTÁ AGOBIADO POR LA CULPA...

¿Aún está usted sobrecargado por las pesadas cargas de la culpa? ¿Algunas veces se pregunta si alguna vez experimentará el amor y el perdón de Dios que otros cristianos expresan gozosamente? Si después de haber confesado por completo todos sus pecados conocidos a Dios, aún tiene un sentimiento de culpa, quizás se deba a que no ha sido completamente sincero con Dios al hacer su completa exposición. Asegúrese de que es sincero con Dios y pídale que le revele todo aquello que ha usted no se le ha ocurrido.

---------- ❖ ----------

Como alguien que ha sido perdonado, usted es justo ante Dios en Cristo Jesús.

O quizás, usted está cargando con una culpa falsa. Talvez usted se siente como el hombre que caminaba a tropezones a lo largo del camino con un pesado paquete en su espalda. Pronto, una camioneta se detuvo y el conductor le ofreció llevarlo. El fatigado viajero aceptó con agradecimiento. Pero cuando el hombre subió a la camioneta el continuaba oprimido debajo de la pesada carga.

«¿Porqué no se quita el paquete de encima y descansa? preguntó el conductor. El desalentado viajero replicó: «¡Ah, no puedo hacer eso! Sería mucho pedirle que lleve mi carga y me lleve a mi también».

«¡Qué tonto!», dice usted. ¿Nosotros no pensaríamos en responder así a tal ofrecimiento, o sí? Todavía muchos cristianos continúan llevando pesadas cargas de culpa, aún después de haber confiado sus vidas al Señor Jesús y recibido su perdón.

Frecuentemente, experimentamos la hostilidad o el castigo de nuestra familia o amigos cuando no satisfacemos sus expectativas. Si usted ha ofendido realmente a alguien, el confesar su pecado y el hacer una restitución cuando sea necesario, lo liberará de la culpa. Sin embargo, los sentimientos de culpa persistirán si usted no se perdona a sí mismo, o si intenta vivir en conformidad con las expectativas irreales de los otros.

Ninguno de nosotros es perfecto. Pero como cristianos no vivimos en condenación. Como alguien que ha sido perdonado, usted es justo ante Dios en Cristo Jesús. Él desea que usted sepa eso y que viva acorde con ello; él quiere que usted sea libre.

6

Perdonar de una vez
y para siempre

Durante la discusión de la Respiración Espiritual, he resaltado la parte del «exhalar»: expulsar el «aire viciado». Pero no olvidemos las buenas noticias referentes a la «inhalación». ¿Alguna vez ha caminado al aire libre durante un hermoso día de abril y ha tomado un profundo y refrescante respiro del aire primaveral? Aunque esta es una experiencia maravillosa, no puede compararse con la frescura de la purificación de Dios en su alma, cada vez que usted le trae su pecado a él.

En esas situaciones, usted puede estar seguro de que él está sumamente complacido con usted. Su Espíritu le permitirá saber lo que significa sentirse verdaderamente limpio y libre cuando la mancha del pecado es removida. No puedo imaginar vivir un solo día sin confiar en el proceso de confesión inmediata para mantenerme cerca de mi amoroso Salvador.

Esta estrategia, exclusivamente, ha ayudado a pavimentar el camino para más crecimiento espiritual y madurez en mi vida que cualquier otra que pueda nombrar.

DÉJELO IR

Usted puede saber que, cuando ha completado este simple proceso, cualquier sentimiento de culpa que quede no proviene de Dios. Esos sentimientos son de su enemigo, Satanás. Las Escrituras declaran que sus pecados han sido echados tan lejos como está el oriente del occidente (Salmo 103:12). Han sido arrojados al fondo del mar (Miqueas 7:19). Dios ha dejado sus pecados atrás, ha perdonado sus iniquidades y no se acuerda más de ellas (Hebreos 8:12; 10:17) ¡Créalo!

Había un niño que tenía un pájaro como mascota al que amaba mucho, pero un día, el pájaro murió. El niño estaba con el corazón destrozado, y su padre y su madre decidieron que en vez de permitirle estar abatido, harían de la situación algo digno de recordar.

Entonces dijeron: «Hagamos un funeral». Así que reunieron a todos los niños del vecindario, excavaron un pequeño agujero en la tierra, pusieron el pájaro en una caja y lo enterraron con una ceremonia. En vez de estar decaído el niño estaba emocionado.

Sin embargo, al día siguiente, el niño salió y desenterró al pájaro para ver cómo estaba. Sin embargo, su padre le insistió que debía enterrarlo y el niño lo hizo. Pocos días después, el niño salió y desenterró al pájaro de nuevo. Esto sucedió varias veces, y cada vez el padre lo reprendía. Finalmente, el padre se enojó y le dijo: «¡Ahora mira, abandona el pájaro en la tierra, y no lo vas a desenterrar nunca más!».

LA VIDA ABUNDANTE

Ahora usted es libre para experimentar la vida abundante que él prometió. Ahora puede animar y servir a sus hermanos y hermanas en Cristo. Y ahora puede disfrutar el entrar en los campos de la cosecha y traer a otras personas al Señor Jesús, quien ha hecho mucho por usted. Esta es su voluntad para usted. Camine en ella con gozo.

Al incorporar la Respiración Espiritual en su vida, siga estos pasos:

1. Comprométase a memorizar el siguiente versículo, para que pueda usarlo cada día: «Examíname, oh Dios, y sondea mi corazón; ponme a prueba y sondea mis pensamientos. Fíjate si voy por mal camino, y guíame por el camino eterno» Salmo 139:23-24. El repetir estas poderosas palabras de las Escrituras divinamente inspiradas, agregará a su determinación de buscar a Dios, el luchar contra el pecado diariamente. Incluya este versículo en su tiempo diario con Dios, y úselo tan a menudo como sea necesario en el transcurso del día.

2. Mientras usted trabaja en convertir la Respiración Espiritual en un hábito, elabore recordatorios personales en su vida diaria, y así recordará verificar diariamente si en su vida hay algún pecado sin confesar. Usted podría hacer algo tan

¿Está usted confesando los mismos pecados una y otra vez con un sentimiento de culpa, al igual que aquel pequeño niño que desenterraba a su viejo pájaro muerto?

Dios ha perdonado todos sus pecados en base a la muerte de Cristo en la cruz y el derramamiento de su sangre por sus pecados.

Siempre que Satanás lo acuse de algún acto de su pasado que ha afligido o extinguido al Espíritu Santo, usted puede decir con gran gozo: «Yo he confesado ese pecado y sé que Dios me ha perdonado y me ha limpiado tal como él lo prometió». Luego deje ese pecado enterrado en el perdón de Dios.

Le animo a examinar su vida ahora mismo. ¿Está experimentando usted la llenura de la vida cristiana? ¿Está llevando sobre usted una carga de culpa de los pecados del pasado en su vida? Le insto a empezar el proceso de la Respiración Espiritual hoy. Este proceso ha ayudado a otros millones de cristianos, y sé que también le ayudará a usted.

El perdón de Dios está completo. Agradézcale por anular su culpa y por limpiarlo. Declare la victoria sobre esos sentimientos negativos y muévase en fe para ser un discípulo fructífero y un testigo de nuestro Señor.

¡Inhálelo con el «aire puro»!

---

sencillo como poner un pequeño papel engomado de color rojo en su lapicero en el trabajo, y poner otro en el espejo del baño o en el refrigerador.

3. Conforme usted se vuelve más disciplinado con respecto a la confesión y al limpiamiento, mantenga una hoja de control de los resultados en cada aspecto de su vida. Si usted es casado, ¿cuánto ha mejorado su matrimonio? Si usted es un estudiante, ¿de qué manera se ha vuelto más diligente en sus estudios? ¿Cómo lo ha ayudado la Respiración Espiritual como padre o hijo, como empresario de negocios, o como ama de casa? Confiadamente, le pronostico que usted verá un crecimiento radical en cada aspecto de su vida, verá como más santidad y menos pecado son evidentes diariamente en usted.

4. Empiece hoy y ahora mismo. Inicie con una oración como esta: «Señor, te amo y te alabo. Sé que tú me has amado lo suficiente como para enviar a tu hijo a morir por mí, y para que cada pecado que pueda cometer no me sea tenido en cuenta. Aquí y ahora hago un pacto de llevar una vida pura y santa, de reconocer y luchar contra cada pecado a través de la confesión inmediata, de arrepentirme, y de crecer tan cerca de ti que puedas usarme cada vez más para tus santos propósitos. Te doy gracias por la maravillosa sensación de ser verdaderamente limpio, verdaderamente perdonado, y verdaderamente amado por el Señor de toda la creación. *Amén*».

7

Disfrutar la gracia de Dios

En el año 1996 me sentí sorprendido y honrado cuando recibí un mensaje que me informaba que se me había otorgado el Premio Templeton. Esa distinción fue establecida en 1971 por el inversionista de Wall Street, John Templeton, para honrar a aquellos que han logrado algo extraordinario en el ámbito de la religión. Entre el panel de jueces para el premio del año 1996 estaba el presidente George H.W. Bush, así como los representantes de muchas religiones del mundo. La Madre Teresa, Billy Graham y Aleksandr Solzhenitsyn estaban entre los premiados anteriormente. Sin exagerar, fue bastante honroso tener mi nombre colocado entre tales personalidades.

Como con todo premio o forma de reconocimiento, le di toda la gloria y el honor a Dios. Todo reconocimiento que he recibido le pertenece solamente a él. Yo sería un necio si dejara de ver, aunque fuera por un momento, que sin él yo sería menos que nada. Alegremente, estuve de acuerdo en aceptar el honor, exclusivamente, por la gloria de mi Salvador.

La presentación se llevó a cabo en Londres, y la ceremonia se efectuó en Roma. Un cardenal católico romano estaba en la concurrencia entre otros altos dignatarios, todo ello en una atmósfera muy formal e impresionante. Debido a este tipo de ambiente, piense usted, cuál tipo de discurso de aceptación era la elección apropiada de mi parte. ¿Qué hubiera dicho usted? Imagine, por un momento, que yo hubiera metido la mano en mi bolsillo, sacado un billete de cinco dólares y, dicho: «Ciertamente, esta fue una cena excelente. Esta fiesta debe haberle costado a alguien una buena suma de dinero, entonces permítanme, por favor, poner mi parte».

Yo predeciría que, al menos, se hubiera hecho un embarazoso silencio en toda la sala. El ofrecer algunos dólares hubiera sido, por supuesto, un insulto para mis eminentes anfitriones. Esto hubiera desvalorizado el gesto maravilloso y cortés del premio y la cena.

Ahora, esto no hubiera sido verdad, simplemente porque cinco dólares eran una suma ridícula e insuficiente; *ningún* ofrecimiento de pago hubiera sido adecuado o apropiado ante un regalo tan significativo e invaluable, un premio de clase mundial por la obra en los campos del reino de Dios. La respuesta apropiada de parte mía fue aceptar graciosamente un gracioso regalo y punto. Esta fue forma más bendita de recibirlo.

❖

Pero la vida que usted lleva, como resultado, constituye su discurso de aceptación. ¿Qué diría usted?

EL REGALO DE LA GRACIA

¿Notó la palabra clave? *Gracioso*, o *gracia* abreviadamente. El regalo de la gracia no tiene ninguna relación con nuestra habilidad o nuestra ineptitud para ganar lo que ha sido puesto delante de nosotros. No está asociado a ningún sistema de condiciones que no sea la necesidad de aceptar el regalo. Simplemente, inclinamos nuestras cabezas en humildad y aceptamos el regalo gratuitamente o sea: *graciosamente*.

De la misma forma estamos delante de Dios para recibir el regalo que hemos explorado en este libro: el tremendo regalo del perdón total. Él ha declarado que cada acción descarriada, cada motivo de baja ralea, cada pensamiento sucio de mi pasado, presente y futuro es perdonado por este acto. Cuando pienso en ello cada día y cada momento de esta larga vida que he llevado, me doy cuenta de la enormidad de mi fracaso en vivir en la santidad y la perfección que debería satisfacer sus expectativas. El perdonar todos mis pecados, pasados, presentes y futuros, es un trabajo de barrido de suciedad y polvo hecho por la gracia cuya magnitud no puedo comprender. Es algo por lo que no puedo pagar. No puedo hacer nada más que expresar mi gratitud cada día de mi vida, y derramarla como sacrificio para sus maravillosos propósitos para mí y el mundo.

Piense en su propia vida. ¿Cuántos años ha vivido hasta ahora? ¿Cuántos momentos tiene una vida de tantos años? ¿Miles? ¿Millones? ¿Durante cuántos segundos, minutos y horas ha fracasado en ser el tipo de persona, que para un perfecto y santo Dios, debería ser usted? Por cada segundo malgastado hay una gota de sangre, por cada momento fallido, hay un grito de dolor desde aquella cruz cruel. Nuestro Señor Jesucristo lo ama a usted tanto que tomó individualmente todo el castigo que el mundo pudo recibir, y si usted hubiera sido la única persona en este mundo, él aún lo hubiera hecho *solo por usted*.

Ese es el premio designado, con su nombre inscrito en él, para siempre, en los grandes salones de la eternidad. Es un regalo tan precioso que no puede ser retribuido. Pero la vida que usted lleva, como resultado, constituye su discurso de aceptación. ¿Qué diría usted?

Si usted continúa esforzándose y trabajando duro para ganar el amor de Dios por medio de cualquier acto de bondad propio como: pertenecer a la iglesia, servir en ella, hacer buenas obras, obedecer los diez mandamientos, esto es lo mismo que a meter la mano en su billetera para sacar un desgastado billete de cinco dólares ante el regalo de amor más tremendo, poderoso y sobrenatural que el universo ha visto alguna vez. Debido a que éste es un regalo de *gracia*, usted no puede merecerlo, ganarlo o guardarlo una vez que lo ha recibido. A decir verdad, usted merece ese regalo en el mejor día de su vida, no más que en el peor. Esto es igual para mí y para todos los demás.

La libertad total y gozo

Nuestros esfuerzos no significan nada (en términos del perdón); la expiación de Cristo significa todo. Solo porque Cristo continúa ante el Padre intercediendo por usted y por mí, con nuestros nombres escritos en las escaras de sus muñecas, podemos mantener el libre acceso a la condición del perdón.

Sí, por supuesto, que proseguiré con todas las buenas obras que vienen con la vida cristiana. Pero las proseguiré con pura alegría y amor, más que como un esfuerzo mal dirigido de empujar y halar con todo mi peso para atravesar aquellas inmensas puertas celestiales. Proseguiré con mis obras con el mismo espíritu que está dentro de mí cuando compro un regalo para mi esposa. Sé que no merezco toda la entrega que ella me ha dado durante nuestra vida matrimonial, pero me agrada complacerla. Así es como se sirve a Dios.

Este es un mundo completamente nuevo para usted y para mí. La antigua manera, el intentar halar nuestro propio peso de virtud y moral ya pasó. El escritor de Hebreos nos habla sobre esta nueva manera, sobre este nuevo contrato que hemos firmado con nuestro Señor:

> «Este es el pacto que haré con ellos después de aquél tiempo, dice el Señor. Pondré mis leyes en su corazón, y las escribiré en su mente».

> Después añade: «Y nunca más me acordaré de sus pecados y maldades».

> Y cuando éstos han sido perdonados, ya no hace falta otro sacrificio por el pecado.

> Así que, hermanos, mediante la sangre de Jesús, tenemos plena libertad para entrar en el Lugar Santísimo».

> HEBREOS 10:16-19

Esto es el perdón total, el cual conduce a la libertad total y al gozo. Jesús nos ha prometido: «Yo he venido para que tengan vida, y que la tengan en abundancia» Juan 10:10. ¿Cómo es ese tipo de vida?

LA VIDA ABUNDANTE

A la luz de la gracia de Dios, vivimos delante de él para disfrutar de él como así también él disfruta de nosotros; vivimos para servirle, porque a través del sacrificio de su Hijo, él nos ha servido; vivimos para amarlo, con la pasión más grande de nuestro ser, porque él nos amó primero. Y vivimos gozosa, audaz e intrépidamente en compañerismo con él. Juan escribe: «sino que el amor perfecto echa fuera el temor. El que teme espera el castigo, así que no ha sido perfeccionado en el amor. Nosotros amamos a Dios porque él nos amó primero» 1 Juan 4:18-19. Y ahora hemos empezado a ver el fruto de su gracia dentro de nosotros y a través de nosotros: el amor piadoso por los demás.

DEJE QUE EL AMOR SE DESBORDE

Si usted, verdaderamente, ha recibido el regalo del amor y el perdón de Dios, no hay manera de impedir que ese amor se derrame en aquellos que están a su alrededor. El indicador principal, la prueba esencial de si estamos viviendo o no la vida del perdón total, es la demostración de cómo nos relacionamos con las otras personas. El amor de Dios no es una experiencia privada que se puede acaparar, así como tampoco se puede acaparar la luz del sol al aire libre en un día de verano. Ésta siempre se escapa. La luz del sol siempre cubre a quienes nos rodean. El apóstol Juan lo expuso de esta manera:

> «Nosotros sabemos que hemos pasado de la muerte a la vida porque amamos a nuestros hermanos. El que no ama permanece en la muerte. Todo el que odia a su hermano es un asesino, y ustedes saben que ningún asesino permanece la vida eterna. En eso conocemos lo que es el amor: en que Jesucristo entregó su vida por nosotros. Así también nosotros debemos entregar la vida por nuestros hermanos».
>
> 1 JUAN 3:14-16

Cuando usted ve a una persona que guarda odio en su corazón, usted sabe que esa persona no vive en la luz ni en el amor de Cristo.

PERDONE COMO DIOS LO PERDONA A USTED

La siguiente señal de que somos hijos de la gracia es nuestro perdón para las demás personas. ¿Cómo no perdonamos a los demás cuando se nos ha perdonado tanto? En Mateo 18:21-35, Jesús contó una historia sobre un hombre que fue sentenciado a pasar toda la vida en prisión, debido a que no pudo pagar una enorme deuda financiera. El amo decidió perdonarle la deuda al hombre y enviarlo a casa. Pero cuando el hombre salió de la prisión, vio a alguien que le debía una suma mucho menor, y le exigió que le pagara inmediatamente. Cuando el indulgente ex amo escuchó esto, volvió a llamar al hombre que había liberado y lo encarceló de nuevo. Jesús concluye: «Así también mi Padre celestial los tra-tará a ustedes, a menos que cada uno perdone de corazón a su hermano» (verso 35). (Vea el apéndice A).

Si usted abraza el perdón total que Cristo le ha ofrecido, usted tomará su amor y lo aplicará en toda persona que conoce. Usted tomará el amor de Dios y lo ofrecerá a todo aquel que le haga mal.

HABLE DE SU FE CON GOZO

Finalmente, la señal de un hijo de la gracia es que esa persona habla de su fe activamente. Después de experimentar verdaderamente el poderoso perdón de Dios, solo podemos corresponder

---

PÓNGALO EN PRÁCTICA

¿Cómo, entonces, podemos empezar a actuar bajo los principios de esta vida de gracia? Usted puede seguir estos pasos iniciales:

1. Mientras alaba a Dios diariamente, utilice esta imagen mental del regalo de Dios: Usted está ante su imponente palacio celestial. Todos los ángeles están presentes, y Dios está sentado en su trono. Su padre le dice que todo lo que él tiene, cada bien y cada cosa espiritual, es suya, simplemente porque él lo ama mucho. Usted no puede ofrecer pagar por ese regalo de ninguna manera. Pero cada día, cuando usted se imagine a sí mismo en esa escena, le permitirá a su corazón derramarse en amor y gratitud por su amoroso Padre. Y usted vivirá ese día como su «discurso de aceptación».

2. Pase tiempo agradeciendo a Dios y haga una oración como esta: «Precioso Señor, que increíble gozo el anticipar la nueva vida que espero con ansiedad conducir como un hijo de la gracia y el perdón total. Puesto que tú me amas, ¡no puedo esperar para ir y amar a otros! Puesto que tú me perdonas, estoy ansioso por perdonar todo daño que se me haya hecho o que se me hará. Y puesto que tú me rescataste del juicio eterno y de una vida de desesperación e insignificancia, mi corazón está lleno con el deseo de que me uses para traer el mismo regalo maravilloso a los demás. Soy tuyo para que me uses conforme a tu voluntad, querido Señor. Amén».

con amor a todas las personas que conocemos; solo podemos corresponder con perdón a todo aquel que nos haga mal; y solo podemos hablar de nuestra fe a todo aquel que viva en tinieblas.

Antes de que Jesús dejara esta tierra para sentarse a la diestra de su Padre en el cielo, él dijo: «Pero cuando venga el Espíritu Santo sobre ustedes, recibirán poder y serán mis testigos… y hasta los confines de la tierra» Hechos 1:8. De nuevo, ese versículo no indica ningún elemento optativo. Cuando aceptamos el señorío y el perdón de Cristo, el Espíritu Santo viene a vivir en nosotros. Está, en su agenda principal, que cada uno de nosotros sea usado para llevar a los perdidos al mismo descubrimiento maravilloso que nosotros hemos hecho.

❈

Estas son entonces, algunas de las características de un hijo de la gracia, de una persona que ha abrazado completamente el amor y el perdón que nuestro Padre nos ha ofrecido a través de la muerte y la resurrección de su Hijo. El amor, el perdón, y la fe testificada crecerán en su vida, de manera natural y gozosa del desbordamiento del agradable compañerismo que usted disfruta con su Señor.

Cuan estupendo es saber que esta vida de fe es una vida de abundancia: una vida para ser disfrutada. Esto es vida, no de esclavizante labor para complacer a un amo tiránico, sino de una afectuosa amistad con un padre que ha elegido hacernos sus hijos en todo sentido, para que así podamos tener todas las riquezas espirituales y los privilegios de su reino. La muerte de Cristo en la cruz ha anulado todos nuestros pecados. Continuaremos equivocándonos, por supuesto, pero a través de la Respiración Espiritual y la responsabilidad de nuestros compañeros cristianos, y también con la dirección del Espíritu Santo, nos pareceremos un poco más a nuestro Salvador cada día.

8

Permanecer en la libertad
de Dios

ay leyenda muy antigua y divertida sobre un pueblo llamado Duckville, en Estados Unidos. Es algo más que
una historia un poco absurda. Así que le ruego me so-
porte un poco mientras la cuento ya que el mensaje de la historia,
en cambio, no es nada absurdo.

En Duckville, Estados Unidos, los patos viven en casas he-
chas de barro. Estas casas son toscas y malolientes. No son las
mejores residencias o las más cómodas, pero son el refugio más
adecuado que a los patos se les ocurrió construir. Dichas aves se
alimentan principalmente de insectos pequeños que pasan vo-
lando a través de las ventanas, e intentan mantenerse calientes
cuando las brisas invernales silban por las hendiduras.

Por otro lado, estos patos tienen una agradable iglesia cuyo
edificio alguien se dedicó a construirles y que ha permanecido en
pie por muchas generaciones. Esta gran edificación es tan atrac-
tiva como cualquier iglesia que usted encontraría en toda ciudad,
y a los patos simplemente les encanta congregarse ahí los fines de
semana.

Cada domingo en la mañana, los palmípedos salen de sus
casas-pato. Ellos vienen contoneándose: caminando como patos, por el Sendero del Pato Silvestre hasta que llegan a su iglesia. Se colocan cómodamente en sus bancas y disfrutan de la
música del todo pato coro, graznan algunos himnos y luego, el

pato predicador se contonea arriba en el podio y da un poderoso sermón. Los patos esperan con ansias el sermón toda la se-
mana. El mensaje de éste es generalmente el mismo: «¡Mis amigos, estén gozosos!, ¡Estén agradecidos! Porque las buenas nuevas han llegado sobre ustedes, ¡y éstas son que ustedes son *patos*!» El predicador

> *Todo lo que debemos hacer es aceptar el perdón total que él nos ha ofrecido, y después, permitirle a su Espíritu vivir dentro de nosotros cada día.*

continúa: «Hermanos y hermanas, como patos, ustedes son aves muy especiales. Ustedes están hechos para el agua, y tienen el maravilloso don de tener patas palmeadas que les permiten nadar hermosamente. Y tienen un largo pico que les permite recoger un alimento absolutamente extraordinario. ¡Este alimento se llama pescado! El pescado es mucho más sabroso, más satisfaciente a plenitud, y nutritivo que los mosquitos magros y las moscas de los cuales han llegado a hastiarse. Todo lo que ustedes deben hacer es zambullirse en el agua de allí afuera, y se encontrarán rodeados por peces exquisitos y deliciosos de todo tipo».

El pato predicador continúa su sermón y aumenta la intensidad. «¡Aún quedan más buenas noticias!» grazna sonoramente. «¡Ustedes saben *volar,* cada uno de ustedes! ¿Se dan cuenta de lo que eso significa? ¡Se les dieron alas fuertes y magníficas, para que puedan volar a las cuatro esquinas de la tierra y encontrar toda el agua y todo el pescado que puedan beber y tomar en la vida! Y cuando hace frío, mis bellamente emplumados amigos, no es necesario que tiemblen en sus chozas de barro, ustedes pueden volar a un lugar más caliente donde todos los patos realmente inteligentes pasan sus vacaciones invernales. Y cuando llega el peligro, pueden batir sus alas y volar hacia un lugar seguro. Hermanos y hermanas, quiero ver a cada uno de ustedes batir esas alas». Y con ello, el santuario se llena de batidos de alas, graznidos e imitaciones de voces de gansos.

Al final del sermón, todos los patos se acercan al reverendo contoneándose por el pasillo para agradecerle por su inspirador sermón. Estos patos graznan juntos felizmente, antes de contonearse de regreso por el pasillo, salir por la puerta, bajar el Sendero del Pato Silvestre y regresar a sus chozas de barro a tiritar hasta la siguiente semana. De esa manera, la vida continúa en Duckville, Estados Unidos.

PONERNOS A CAMINAR

Podemos reírnos mucho con esa absurda historia, pero la verdad en ella es demasiado evidente. Al igual que las pobres aves de aquel pueblo, hacemos un poco de ruido como de graznidos; bueno, quise decir hablamos de nuestra fe. Escuchamos sermones al respecto y nos emocionamos mucho. Escuchamos hermosa música sobre la vida sobrenatural. Pero cuando llega el momento de hacer realidad nuestra fe, de ponernos a caminar, muchos de nosotros somos como patos fuera del agua. Nos contoneamos cuando podemos volar, y comemos unos pocos mosquitos cuando podemos festejar en la mesa de Dios.

Pensemos en cómo sería la vida si viviéramos abundantemente a la luz del amor total de Dios y de su perdón, tal como la Palabra de Dios nos dice simplemente que podemos vivir.

He aquí un ejemplo de la vida sobrenatural, la realización del perdón total y lo que significa vivirlo.

> «Él fortalece al cansado y acrecienta las fuerzas del débil. Aun los jóvenes se cansan, se fatigan, y los muchachos tropiezan y caen; pero los que confían en el SEÑOR renovarán sus fuerzas; volarán como las águilas: correrán y no se fatigarán, caminarán y no se cansarán».
>
> ISAÍAS 40:29-31

Los patos nunca se mencionan en la Biblia, pero nosotros debemos remontar el vuelo como águilas. Dios nos hizo para ser libres. Él quiere que toquemos las nubes y dominemos el horizonte de este mundo afligido. Todo lo que debemos hacer es aceptar el perdón total que él nos ha ofrecido, y después, permitirle a su Espíritu que viva dentro de nosotros cada día. Es así de simple: «Nosotros, en cambio, por obra del Espíritu y mediante la fe, aguardamos con ansias la justicia que es nuestra esperanza» Gálatas 5:5. No hay fin para la abundancia de las cosas buenas que nuestro benevolente y generoso Señor nos pone en la mesa cuando nos unimos a ese gran banquete.

Para los aperitivos, consulte el menú del fruto del Espíritu que se encuentra, más adelante, en el mismo capítulo cinco de Gálatas:

> «En cambio, el fruto del Espíritu es amor, alegría, paz, paciencia, amabilidad, bondad, fidelidad, humildad y dominio propio».
>
> Gálatas 5:22-23

¡El solo pensar en semejantes frutos deleitosos es lo que yo llamo un anticipo de la gloria divina! Esto es solo el comienzo de la vida abundante que Cristo desea que usted tenga cada día, en el seno de la eternidad cuando usted permanecerá en su amorosa presencia para siempre.

Cada uno de esos frutos: amor, gozo, paz y todos los demás, madurarán y se tornarán más dulces y exquisitos en su vida, cada día que usted marche al compás del Espíritu. Con el paso de los años, él planea intensificar cada uno de esos rasgos hasta que usted se vuelva una réplica viva de nuestro Salvador. Este ha sido su plan desde el principio: «Porque a los que Dios conoció de antemano, también los predestinó a ser transformados según la imagen de su Hijo, para que él sea el primogénito entre muchos hermanos» Romanos 8:29.

Con el paso de los años, él planea intensificar cada una de esos rasgos hasta que usted se vuelva una réplica viva de nuestro Salvador. Éste ha sido su plan desde el principio.

MUERTOS AL PECADO

Intelectualmente, nos aferramos al concepto de la muerte física, pero no comprendemos plenamente el hecho de que nuestros pecados están *espiritualmente* muertos, enterrados, e idos para siempre. Miqueas 7:19 nos dice: «Pon tu pie sobre nuestras maldades y arroja al fondo del mar todos nuestros pecados». Hebreos 8:12, ofrece esta seguridad de Dios a su pueblo: «Yo les perdonaré sus iniquidades, y nunca más me acordaré de sus pecados».

¿De cuántas maneras es necesario que sea explicado esto? Hasta donde Dios está interesado, si hemos escogido a Cristo como nuestro Señor y Salvador, nuestros pecados se han ido. Mi amigo, estas son noticias más importantes que cualquier otro acontecimiento de la historia humana. Éstas tienen más implicaciones para su vida que cualquier otro hecho singular que podamos discutir. El asumirlas, volverá su vida y su mundo al revés. El cielo es un lugar muy real, donde esperamos ver a Dios cara a cara, sin embargo, los siervos más consagrados de Dios han descubierto que en realidad, el paraíso comienza aquí, en este momento, en el mismo momento en que decidimos dejar morir nuestra antigua manera de vivir y permitimos que el Espíritu nos asuma completamente.

Al finalizar este libro, tengamos una vista previa de su futuro como un hijo de Dios libre y perdonado, listo para ser todo lo que él tiene la intención que usted sea.

———————— ❖ ————————

«Permanezcan en mí, y yo permaneceré en ustedes.
Así como ninguna rama puede dar fruto por sí misma,
sino que tiene que permanecer en la vid, así tampoco
ustedes pueden dar fruto si no permanecen en mí.
Yo soy la vid y ustedes son las ramas. El que no
permanece en mí, como yo en él, dará mucho fruto;
separados de mí no pueden hacer ustedes nada».

Jesucristo

————————————————

9

¡Vívelo!

Una de las palabras más maravillosas en nuestra amada e infalible Escritura, es la palabra *permanecer*. Esta significa quedarse en alguna parte, y además tiene el significado adicional de aguardar o esperar. Así es como nuestro Señor y Salvador usaba esta palabra:

> «Permanezcan en mí, y yo permaneceré en ustedes. Así como ninguna rama puede dar fruto por sí misma, sino que tiene que permanecer en la vid, así tampoco ustedes pueden dar fruto si no permanecen en mí. Yo soy la vid y ustedes son las ramas. El que permanece en mí, como yo en él, dará mucho fruto; separados de mí no pueden hacer ustedes nada».

> Juan 15:4-5

Hemos discutido algunos de los maravillosos frutos de la vida del perdón total, pero también es verdad que nosotros mismos somos como el fruto de la vid. Estamos conectados a Cristo de la misma manera exclusiva. Extraemos toda nuestra vida, toda nuestra vitalidad y nuestra alma de él, en tanto estemos conectados. Y puesto que Cristo fluye dentro de nosotros, nosotros también vivimos «en él».

Vale la pena detenerse a meditar en esa poderosa idea. El solo hecho de volver su mente y su espíritu hacia esa idea cada día, en un momento de reflexión, es suficiente para cambiar completamente su vida.

La verdad es que usted es libre de todo el pecado y los fracasos de este mundo que podrían esclavizarlo. Tal como lo hemos visto, usted es libre para amar, perdonar y experimentar el gozo incomparable de testificar de su fe a otras personas. Usted es libre para explorar los extraordinarios dones espirituales que el Espíritu Santo le ha dado. Usted es libre para seguir con los estupendos planes que Dios ha diseñado para usted, y solo para usted, desde la fundación del universo. Usted es libre para disfrutar el amoroso compañerismo con su Salvador cada día de su vida, y a donde sea que vaya. Él ha prometido que nunca lo dejará ni lo desamparará (Hebreos 13:5). Usted es libre del temor de la muerte, porque sabe que el vivir es Cristo y el morir es ganancia; usted verá al Señor cara a cara (Filipenses 1:21).

El perdón total significa permanecer en toda la preciosa y

PÓNGALO EN PRÁCTICA

¿Cuáles pasos debe seguir para conectarse hoy a Cristo, la vid verdadera?

1. Pase tiempo, en oración, reflexionando sobre lo que significa ser una rama de la vid verdadera (Juan 15:4-5). ¿Cuáles deben ser los signos vitales de que usted permanece en él? ¿Qué significa «madurar» y cuál fruto desea él que usted produzca? En términos prácticos, ¿Cuál comportamiento, en usted mismo, reflejaría prácticamente su conexión con Cristo?

2. Durante los próximos días, repase cada uno de los capítulos de este libro. Escriba el concepto más transformador de vida, que recolectó de cada capítulo. Repase los ejercicios que realizó en las secciones finales y elabore un plan específico para continuar con estas disciplinas en el futuro. Por ejemplo, ¿de qué manera continuará afirmando lo que ha aprendido del perdón? ¿Cómo convertirá la Respiración Espiritual en una parte vital de su experiencia diaria?

3. Nuestro Dios desea que usted vuele como un águila, que corra y no se canse (Isaías 40:29-31). Reflexione en esa esfera de su vida donde se fatiga y necesita que el poder sobrenatural de Cristo lo ayude a remontar el vuelo. Haga un alto y reclame la promesa de Dios de que usted puede vivir en el poder de su Espíritu en esta situación. ¿Cuáles cambios haría usted? ¿Cuáles victorias pueden reclamarse?

4. Al reflexionar en el mensaje del perdón total, ¿ha mejorado su disposición a perdonar? ¿Cómo practicará el regalo de la gracia en el futuro? ¿A quién necesita perdonar más? ¿A sus padres? ¿A sus compañeros de trabajo? ¿A Dios? ¿A

emancipadora libertad de Cristo, particularmente, en la libertad de permanecer en Jesús como él permanece en usted; así lo prometió a sus discípulos como regalo especial, la última noche juntos en el Aposento Alto. ¡Vaya regalo! Ningún legado podría ser más precioso; ningún gozo podría ser más profundo y ningún amor podría ser más poderoso.

PARA CADA UNO DE NOSOTROS

Cuando miro la multitud que ocupa alguna calle en este mundo moderno, pienso en este asombroso hecho: a cada uno de los rostros en ese mar humano se le ha ofrecido este regalo. El regalo del perdón total está disponible para cada hombre, mujer y niño en este mundo. Miles de millones de personas todas elegibles para disfrutar el regalo más grande que podría darse en la vida. La emoción más profunda de mi vida ha sido que Dios me ha usado para permitirle a cada uno de ellos tener la oportunidad

usted mismo? Perdone por fe, y actúe de acuerdo a su pacto con Dios. Podría ser necesario que usted le diga esas personas que usted los ha perdonado. Usted podría encontrar la manera de servirles, y así Dios aumentará su amor por ellos (Vea el apéndice A).

5. Pídale a Dios que lo use para entregar a activamente a los demás el mensaje de este libro y el mensaje completo de la salvación a través de Cristo. Pídale empezar con una persona con la cual usted pueda hablar. Dios ha prometido contestar esta oración, así que espere que él lo use inmediatamente para hablar del mensaje del perdón total a este mundo herido y desconcertado, el cual ansía este mensaje intensamente.

Las bendiciones de Dios irán con usted, el amor de Cristo lo levantará, ¡y el consuelo del Espíritu lo sostendrá al enviarlo hacia adelante a la más grande aventura que la vida puede ofrecer! Usted podría ofrecer esta oración de acción de gracias mientras emprende el viaje:

Bondadoso Padre celestial, mi corazón está lleno con la maravilla de tu regalo y con la plenitud de tu gracia. Voy adelante y ahora a vivir en la libertad y en el poder del perdón total, a ofrecer el amor y la redención como, indudablemente, me han sido ofrecidos. En tu poder, voy a expulsar la oscuridad como, evidentemente, ha sido expulsada de los rincones de mi alma. Voy a ofrecer agua viva al sediento, así como mi propia sed ha sido apagada. Permaneceré en ti, así como tú permaneces en mí. ¡Te doy gracias y te alabo por la victoria de todas las victorias! Amén.

de aceptar ese regalo. Y, así, ser liberados de la terrible y destructiva carga del pecado que pesa sobre cada persona de esa multitud en aquella calle, en su ciudad, y cada habitante viviente de nuestro mundo.

Quisiera finalizar revelándole el último paso que usted puede dar para disfrutar plenamente la abundancia y la libertad que Cristo ofrece. Ese paso, es contarles a otros sobre el gozo que usted ha descubierto. Usted podría darle este libro a un amigo que lo necesite desesperadamente.

❖

El amor, el perdón y la libertad de Cristo son simplemente tan grandes y tan preciosos que éstos deben presentados a todos.

Podría usar los recursos de este libro y de los otros libros de esta serie para ayudarse a aprender a hablar sobre su fe. Usted podría empezar a orar cada día por tener una nueva oportunidad de traer otros de sus hijos, por los que murió él, a sus amorosos brazos.

A pesar de lo maravillosa que es la vida de perdón y transformación total, he descubierto que ésta nunca está completa, a menos que les hablemos a los demás sobre ella. Porque por esto late el corazón divino. Este es el propósito que él ha reservado para todos los que ama. El amor, el perdón y la libertad de Cristo son simplemente tan grandes y tan preciosos que éstos deben ser presentados a todos.

¿El rostro de cuál persona ha traído el Espíritu de Dios a la superficie de sus reflexiones? ¿A quién lo está enviando en una misión de rescate? Un gran gozo, el gozo más profundo de la vida lo espera, y mis oraciones van con usted. Pueda el perdón total de Dios conducirlo a usted a una vida de servicio total.

Guía del lector

PARA REFLEXIÓN PERSONAL O DISCUSIÓN EN GRUPO

Las preguntas son una parte inevitable de la vida. Los padres orgullosos le preguntan a su bebé: «¿Puedes sonreír?», y más tarde: «¿Puedes decir "mamá"?», «¿Por qué no caminas hacia papito?». Los primeros años escolares traen la inevitable pregunta: «¿Qué aprendiste en la escuela hoy?». Mas adelante, los años escolares presentan preguntas más difíciles: «¿Si X es igual a 12, y Y es igual a 14, entonces…?». La vida adulta agrega un nuevo juego completo de preguntas: «¿Debería permanecer soltero o casado?», «¿Cómo van las cosas en la oficina?», «¿Recibiste un ascenso?», «¿Deberíamos permitirle a Susie empezar a tener citas?», «¿Cuál universidad es la adecuada para Kyle?», «¿Cómo podremos cubrir los gastos de enviar nuestros hijos a la universidad?».

Este libro también genera preguntas. La siguiente guía de estudio está diseñada para: (1) Aumentar al máximo la utilidad del material de estudio y (2) Aplicar la verdad bíblica a la vida diaria. No se le pedirá que resuelva algún problema de álgebra o busque datos relacionados con oscuros acontecimientos de la historia, por lo tanto, no se preocupe. Las preguntas de información objetiva se basan exclusivamente en el texto. La mayoría de las preguntas, sin embargo, le sugieren buscar dentro de su alma, examinar las circunstancias que rodean su vida, y decidir cómo puede usar mejor las verdades comunicadas en este libro.

Las respuestas sinceras a asuntos reales pueden fortalecer su fe, acercarlo al Señor, y conducirlo a aventuras diarias más plenas, enriquecedoras, gozosas y productivas. Entonces, haga frente a cada pregunta y espere en el Único, quien es la respuesta para todas las preguntas de la vida y necesidades para poder hacer grandes cosas en su vida.

Capítulo 1: El deseo del perdón de Dios

1. ¿En qué sentido es cada ser humano un hijo o una hija pródigo(a)?

2. ¿Cuáles esfuerzos de la religión sugieren que los seres humanos anhelan el perdón? ¿Qué tan efectivos son esos esfuerzos para borrar la culpa? Explique su respuesta.

3. ¿Por qué está de acuerdo, o en desacuerdo, con que la persona que asiste a la iglesia regularmente y lleva una vida respetable necesita el perdón de igual manera que la persona que lleva un estilo de vida pagano?

4. ¿Ha usted experimentado el perdón de Dios? Si es así, ¿cuáles circunstancias lo llevaron a este perdón?

5. ¿Por qué nuestro Padre celestial perdona sin restricciones a todo aquel que busca su perdón?

Capítulo 2: El recibir el perdón de Dios

1. ¿Cómo fue la muerte de Jesucristo, en lugar de la nuestra, el pago adecuado para todos nuestros pecados?

2. ¿Cómo le contestaría usted a alguien que insistiese en que la muerte de Cristo fue solamente la base del perdón para pecados del pasado?

3. ¿De qué manera la creencia de que el perdón viene exclusivamente por medio de Jesús contradice la filosofía popular conocida como pluralismo?

4. ¿Debe una persona sentirse perdonada para ser perdonado? ¿Por qué sí o por qué no?

5. ¿Cuáles analogías podrían resaltar la inmensa distancia que existe entre nuestra maldad y la rectitud de Dios? ¿De qué manera el conocimiento de esta distancia hace más profundo su agradecimiento de la reconciliación?

CAPÍTULO 3: BUSCAR EL CORAZÓN DE DIOS

1. ¿Cómo define usted el término «arrepentimiento»? ¿Cuál papel, si hay alguno, representa el arrepentimiento en el perdón?

2. Lea el Salmo 32 y haga una lista de seis palabras que describan cómo se sintió el Rey David antes de que Dios lo perdonara.

3. ¿Qué diferencia o diferencias nota usted entre castigo y disciplina?

4. ¿Cómo puede un creyente surgir más fuerte que nunca después de recibir el perdón de Dios por una falta moral?

5. Defina el término «confesión» como aparece en 1 Juan 1:9. ¿Qué logra la confesión genuina en la vida de un creyente?

CAPÍTULO 4: EXPERIMENTAR LA PURIFICACIÓN DE DIOS

1. ¿Qué tan difícil es hacer lo correcto en el lugar de trabajo? ¿Por qué los cristianos deben hacer siempre lo correcto?

2. ¿Cuál cree usted que es el concepto que la mayoría de los no creyentes tienen sobre los cristianos que hacen lo correcto?

3. ¿De qué manera cuando los creyentes pecan, crucifican a Cristo nuevamente?

4. No podemos llevar la vida sin dejar de pecar, pero, ¿ podemos vivir tan libres de pecado como sea posible?

5. ¿Cómo vincula el autor la «Respiración Espiritual» con la confesión?

Capítulo 5: La respiración espiritual

1. ¿Por qué está de acuerdo o en desacuerdo con que el pecado obstruye la comunicación con Dios?

2. ¿Podemos hacer distinción entre «pecados pequeños» y «pecados grandes»? ¿Por qué sí o porqué no?

3. ¿De qué manera los pecados sin confesar toman fuerza?

4. El confesar los pecados significa hacer un convenio con Dios sobre ellos. Si usted fuera a recibir un documento del convenio con Dios, ¿Qué esperaría ver anotado en el documento?

5. ¿Cuáles pecados cree usted que la mayoría de los cristianos anotarían si preparasen una lista de pecados para confesar a Dios? ¿Cuáles de esos pecados usted necesita confesar? ¿Cuáles de ellos requieren una restitución?

Capítulo 6: Perdonar de una vez y para siempre

1. ¿Qué tan plenamente perdona Dios los pecados? Mencione dos versículos bíblicos que respalden su respuesta.

2. ¿Qué debe hacer un creyente cuando se siente tentado a sacar a la superficie los pecados que Dios ha enterrado en el mar del olvido?

3. ¿De qué manera la seguridad de que todos sus pecados han sido perdonados para siempre le da poder para hablar de las buenas nuevas a otras personas?

4. ¿Cómo un diario sobre el progreso espiritual personal nos anima a confesar los pecados rápidamente?

5. ¿De qué manera el amor genuino por Dios y el amor por el pecado son mutuamente exclusivos?

Capítulo 7: Disfrutar de la gracia de Dios

1. ¿De qué manera Dios revela su gracia cuando perdona pecados?

2. Si un no creyente le pide que le explique el significado de la gracia, ¿Cómo le respondería usted?

3. ¿Por qué está de acuerdo o en desacuerdo con que es imposible ganar el amor de Dios?

4. ¿Qué valor le asignaría a las buenas obras realizadas para ganar la salvación? ¿Que valor le asignaría a las buenas obras realizadas para mostrar gratitud por su salvación?

5. ¿En cuáles formas tangibles el amor fluye de un corazón agradecido?

Capítulo 8: Permanecer en la libertad de Dios

1. ¿Qué cree usted que se necesitaría para transportar a los creyentes del siglo veinte a un nivel de cristianismo más elevado?

2. ¿Está de acuerdo o en desacuerdo con que el cristiano puede poseer algunas de las cualidades anotadas como el fruto del Espíritu en Gálatas 5:22,23, pero que carezca de otras?

3. ¿De qué manera alguien que usted ha observado manifestó el fruto del Espíritu?

4. ¿Cuáles de las siguientes descripciones identifica mejor el estado de nuestros pecados: (a) muriendo (b) sentenciado a muerte (c) muerto? Defienda su elección.

5. ¿Qué significa dejar morir la antigua manera de vivir? ¿Qué podría suceder en su comunidad si la mayoría de los cristianos dejaran morir su antigua manera de vivir?

Capítulo 9: ¡Vívelo!

1. ¿De qué manera el conocimiento del perdón total libera a un cristiano?

2. ¿Cómo el conocer el poder liberador del perdón total lo motiva a usted a testificar de su fe?

3. ¿Cuál es la diferencia entre estar en Cristo y permanecer en Cristo?

4. ¿En cuáles maneras los creyentes deberían conmover a sus comunidades con el amor de Dios?

5. ¿Con quién compartirá usted el amor de Dios esta semana? ¿Cómo será su plegaria previa al acto de testificar el amor de Dios?

---❖---

CRISTO LO AMA TANTO, QUE AUN SIENDO USTED PECADOR,
ÉL MURIÓ POR USTED.

Apéndice A

Cómo amar por fe

El hermoso salón de baile del Hotel Marriot en Chicago, estaba completamente lleno con más de 1.300 estudiantes universitarios y el personal del Campus Crusade. Ellos parecían aferrarse a cada palabra, mientras yo les explicaba uno de los descubrimientos espirituales más emocionantes que he hecho: cómo amar por fe.

Durante años he hablado sobre el asunto del amor. Yo tenía un simple esquema de cuatro puntos:

1. Dios lo ama incondicionalmente.
2. A usted se le ha ordenado que ame los demás: a Dios, a sus vecinos y a sus enemigos.
3. Usted es incapaz de amar a los demás con sus propias fuerzas.
4. Usted puede amar a los demás con el amor de Dios.

Pero, como sucede en la mayoría de los sermones sobre el amor, algo hacía falta. Entonces, a tempranas horas de la mañana, fui despertado de un profundo sueño. Me sentía impresionado al momento de levantarme, abrir mi Biblia y arrodillarme a leer y orar. Lo que descubrí durante las siguientes dos horas ha enriquecido mi vida y las vidas de decenas de miles de personas. Yo había aprendido cómo amar.

En ese tiempo de transformación vital, de compañerismo con el Señor, me fueron dados cinco puntos para mi sermón sobre el amor, nosotros amamos por fe.

El amor es lo más grande del mundo, el mayor privilegio y el poder más grande conocido por el ser humano. Su práctica a través de la palabra y obra cambió el curso de la historia, tal como los cristianos del primer siglo lo demostraron con una calidad de vida nunca antes vista en esta tierra. Los griegos, los romanos, los gentiles y los judíos se odiaban unos a otros. Esta idea particular del amor y del auto sacrificio era ajena a su pensamiento. Cuando ellos observaban que los cristianos de muchas naciones, con diferentes idiomas y culturas, se amaban entre sí verdaderamente, y se sacrificaban para ayudarse unos a otros, respondían con asombro: «¡Miren cómo esos cristianos se aman unos a otros!».

❖

El amor es lo más grande del mundo, el mayor privilegio y el poder más grande conocido por el ser humano.

Yo desafié a los estudiantes, en la conferencia, a formar parte de la revolución del amor. Les sugerí que hicieran una lista de los individuos que no les agradaban y que empezaran a amarlos por fe.

La mañana siguiente, temprano, una joven mujer con el rostro radiante me dijo: «Mi vida cambió anoche. Durante muchos años yo había odiado a mis padres. No los he visto desde que yo tenía diecisiete años, y ahora tengo veintidós años. Me fui de casa como resultado de una disputa hace cinco años, y desde entonces no les he escrito ni he hablado con ellos, a pesar de que ellos me han alentado reiteradamente para que regrese a casa. Yo había decidido no verlos nunca más. Los odiaba».

La joven continuó: «Antes de convertirme en cristiana, hace algunos meses, yo era drogadicta, vendedora de droga y prostituta. Anoche, usted me dijo cómo amar a mis padres, y apenas podía esperar salir de esa reunión y llamarlos. ¿Puede usted creerlo? Ahora sé amarlos realmente con la clase de amor de Dios ¡y apenas puedo esperar para verlos!»

Todo el mundo desea ser amado. La mayoría de los sicólogos concuerdan con que la mayor necesidad del ser humano es amar y ser amado. Ninguna barrera puede resistir la poderosa fuerza del amor.

Aquí tenemos tres palabras del idioma griego que al ser traducidas a nuestro idioma se han compendiado en una sola «amor»:

Eros, la cual sugiere el deseo sensual y que no aparece en el Nuevo Testamento.

Phileo, la cual se usa en la amistad o en el amor por un amigo o un familiar, esta tiene el sentido de amar a alguien porque merece ser amado.

Ágape, el cual es el amor de Dios: el tipo de amor más puro y más profundo, este no se expresa a través de meras emociones sino como un acto de la voluntad personal.

Ágape es el amor sobrenatural e incondicional por usted, revelado supremamente a través de la muerte de nuestro Señor en la cruz por sus pecados. Este es el amor sobrenatural que él desea producir en nosotros, y a través de cada uno a los otros, por medio de su Espíritu Santo. El amor *Ágape* se da debido a la personalidad de la persona que ama en vez del valor del objeto de ese amor.

Algunas veces, este es un amor «a pesar de» en lugar de un amor «debido a».

Dios subraya la importancia de este tipo de amor, por medio de los inspiradores escritos del apóstol Pablo, tal como él lo registró en 1 Corintios 13. En este hermoso y extraordinario pasaje de las Escrituras, Pablo escribe que, separado del amor, todo lo que usted pueda hacer para Dios o por los demás no tiene valor alguno.

«Si hablo en lenguas humanas y angelicales, pero no tengo amor, no soy más que un metal que resuena o un platillo que hace ruido. Si tengo el don de profecía y entiendo todos los misterios y poseo todo conocimiento, y si tengo una fe que logra trasladar montañas, pero me hace falta el amor, no soy nada. Si reparto entre los pobres todo lo que poseo, y si entrego mi cuerpo para que lo consuman las llamas, pero no tengo amor, nada gano con eso».

1 Corintios 13:1-3

En otras palabras, no importa lo que usted haga por Dios y por los demás, esto no tiene ningún valor si usted no está impulsado por el amor de Dios.

Cinco verdades sobre el amor

Pero, ¿qué es el amor *ágape*? ¿Cómo es en sí mismo este tipo de amor? Pablo nos da una excelente descripción:

«El amor es paciente, es bondadoso. El amor no es envidioso ni jactancioso ni orgulloso. No se comporta con rudeza, no es egoísta, no se enoja fácilmente, no guarda rencor. El amor no se deleita en la maldad sino que se regocija con la verdad. Todo lo disculpa, todo lo cree, todo lo espera, todo lo soporta.

El amor jamás se extingue, mientras que el don de profecía cesará, el de lenguas será silenciado y el de conocimiento desaparecerá...

Ahora, pues, permanecen estas tres virtudes: la fe, la esperanza y el amor. Pero la más excelente de ellas es el amor».

1 Corintios 13:4-8,13

En el capítulo siguiente, el apóstol Pablo, inspirado por el Espíritu Santo, nos exhorta: «Empéñense en seguir el amor» 1 Corintios 14:1.

Permítame hacerlo partícipe de cinco verdades esenciales sobre el amor, las cuales le ayudarán a comprender las bases para amar por fe.

1. DIOS LO AMA INCONDICIONALMENTE

Dios ama con amor *ágape*, el amor descrito en 1 Corintios 13. Él lo ama tanto que envió a su Hijo a morir en la cruz por usted, para que pudiera tener vida eterna. El amor de Dios no está basado en su comportamiento. Cristo lo ama tanto, que aún siendo usted pecador, él murió por usted. El amor de Dios hacia usted es incondicional e inmerecido. Él lo ama a pesar de su desobediencia, su debilidad, su pecado y su egoísmo. El lo ama tanto que le proporciona el camino a la vida abundante y eterna. Desde la cruz Cristo gritó: «Padre, perdónalos, porque no saben lo que hacen» Lucas 23:34. Si Dios amó a aquellos que eran tan pecadores, ¿puede usted imaginar cuanto lo ama a usted, quien es su hijo a través de la fe en Cristo y que busca agradarlo a él?

———— ❖ ————

El amor de Dios hacia usted es incondicional e inmerecido.

Dios demostró su amor por nosotros antes de que fuéramos cristianos, pero la parábola del hijo pródigo (Lucas 15), hace obvio que Dios continúa amando al hijo que se ha apartado lejos de él. Él espera ansiosamente que su hijo regrese a la familia cristiana y al compañerismo.

A pesar de su desobediencia, él continúa amándolo, esperando que usted responda a su amor y perdón. Pable escribe:

«Y ahora que hemos sido justificados por su sangre, ¡con cuánta más razón, por medio de él, seremos salvados del castigo de Dios! Porque si, cuando éramos enemigos de Dios, fuimos reconciliados con él mediante la muerte de su Hijo, ¡con cuánta más razón, habiendo sido reconciliados, seremos salvados por su vida!

ROMANOS 5:9-10

El amor de Dios hacia nosotros trasciende nuestra comprensión humana. Jesús oró: «Para que todos sean uno. Padre, así como tú estás en mí y yo en ti, permite que ellos también estén en nosotros, para que el mundo crea que tú me has enviado… yo en ellos y tú en mí. Permite que alcancen la perfección en la unidad, y así el mundo reconozca que tú me enviaste y que los has amado a ellos tal como me has amado a mí» Juan 17:21,23.

> ❖
>
> *Dios lo ama a usted tanto como ama su único hijo engendrado… ¡Qué verdad más asombrosa y abrumadora de comprender!*

¡Piense en eso! Dios lo ama a usted tanto como ama su único hijo engendrado, el Señor Jesús. ¡Qué verdad más asombrosa y abrumadora de comprender! Usted no debe temerle a alguien que lo ama perfectamente. No debe ser renuente a confiar en Dios con su vida entera, porque él verdaderamente lo ama. Y la parte más increíble de esto es, que Dios lo ama aun cuando usted es desobediente.

2. A USTED SE LE HA ORDENADO AMAR A LOS DEMÁS

Cierto abogado le preguntó a Jesús: «Maestro, ¿cuál es el mandamiento más importante de la ley de Moisés?»

Jesús contestó: «"Ama al Señor tu Dios con todo tu corazón, con todo tu ser y con toda tu mente". Éste es el primero y el más importante de los mandamientos. El segundo se parece a éste: "Ama a tu prójimo como a ti mismo". De estos dos mandamientos dependen toda la ley y los profetas» Mateo 22:37-40.

En una ocasión en mi vida cristiana, yo estaba preocupado por el mandamiento de amar a Dios tan completamente. ¿Como podría yo determinar que altura había alcanzado en tan alto nivel de amor? Dos consideraciones muy importantes me han ayudado a desear el amar y totalmente agradar a Dios.

Primero, el Espíritu Santo ha llenado mi corazón con el amor de Dios, tal como lo prometió en Romanos:

«Y esta esperanza no nos defrauda, porque Dios ha derramado su amor en nuestro corazón por el Espíritu Santo que nos ha dado».

ROMANOS 5:5

Segundo, al meditar en los atributos de Dios y en las maravillosas cosas que ha hecho y que está haciendo por mí, me doy cuenta de que mi amor por él crece. Yo lo amo porque él me amó primero (1 Juan 4:19).

¿Cómo pudo Dios amarme tanto que estuvo dispuesto a morir por mí? ¿Por qué Dios me escogió para ser su hijo? ¿Por qué merezco ser su embajador para hablar al mundo de su amor y su perdón? ¿En base a qué merezco el privilegio de su constante presencia, de su Espíritu que mora en mí, y su promesa de suplir todas mis necesidades de acuerdo a sus riquezas en gloria? ¿Por qué tengo el privilegio (el cual es denegado para la mayoría de las personas que no conocen a nuestro Salvador), de despertar cada mañana con una canción en mi corazón y con una alabanza en mis labios por el amor, el gozo y la paz que él, tan generosamente, le da a todo aquel que deposita su confianza en su amado Hijo, el Señor Jesús?

Aquel que no ha anhelado el amor de Dios y el buscarlo a él por encima de todo y de todos, es digno de compasión, porque esa persona está perdiendo las bendiciones que esperan a todos lo que aman a Dios con todo su corazón, alma y mente.

❖

A usted se le ha ordenado amar a los demás, porque ese amor testifica de su relación con el Padre. Usted demuestra que pertenece a Cristo mediante su amor a los demás.

Es natural que usted cumpla el mandamiento de amar a su vecino como se ama a sí mismo, si usted verdaderamente ama a Dios con todo su corazón, alma y mente. Si usted se relaciona adecuadamente con Dios en el plano vertical, se relacionará correctamente con los demás en el plano horizontal.

Por ejemplo, las bolas de billar ruedan libremente sobre la mesa, y naturalmente, se alejan unas de otras al rebotar debido a la naturaleza de su construcción. Pero si atamos cordones a varias bolas y las alzamos perpendicularmente a la mesa, las bolas se agruparán.

Cuando los cristianos, como individuos, están con su vida unida a Cristo, están cerca de Dios, caminan en el Espíritu y lo aman con todo su corazón, alma y mente; y cumplen el mandamiento de amar a los demás como se aman a sí mismos.

El apóstol Pablo explica:

«Porque los mandamientos que dicen: "No cometas adulterio", "No mates", "No robes", "No codicies", y todos demás los mandamientos, se resumen este precepto: "Ama a tu prójimo como a ti mismo." El amor no perjudica al prójimo. Así que el amor es el cumplimiento de la ley».

ROMANOS 13:9-10

El amor por Dios y por los demás produce justicia, frutos y gloria para Cristo.

Además, a usted se le ha ordenado amar a los demás, porque ese amor testifica de su relación con el Padre. Usted demuestra que pertenece a Cristo por medio de su amor por los demás. El apóstol Juan, prácticamente, iguala su salvación con la manera en que usted ama a los demás, cuando dice que si usted no ama a los demás, no conoce a Dios, porque Dios es amor.

«Si alguien que posee bienes materiales ve que su hermano está pasando necesidad, y no tiene compasión de él, ¿cómo se puede decir que el amor de Dios habita en él? Queridos hijos, no amemos de palabra ni de labios para afuera, sino con hechos y de verdad».

1 JUAN 3:17-18

Jesús dice: «Y éste es mi mandamiento: que se amen los unos a los otros, como yo los he amado» Juan 15:12.

Como cristiano, usted debe amar a su vecino, porque él o ella es una criatura de Dios hecho a su imagen, y porque Cristo murió por esa persona. Siguiendo el ejemplo de nuestro Señor, usted debe amar a todo el mundo, así como Cristo lo hizo. Usted debe dedicar su vida a ayudar a otros a experimentar el amor y el perdón de Dios.

❖

«Dios lo ama y lo acepta tal como usted es. Usted debe hacer lo mismo».

Jesús también dijo:

> «Ustedes han oído que se dijo: "Ama a tu prójimo y odia a tu enemigo". Pero yo les digo: Amen a sus enemigos y oren por quienes los persiguen, para que sean hijos de su Padre que está en el cielo... Si ustedes aman solamente a quienes los aman, ¿qué recompensa recibirán? ¿Acaso no hacen eso hasta los recaudadores de impuestos? Y si saludan a sus hermanos solamente, ¿qué de más hacen ustedes? ¿Acaso no hacen esto hasta los gentiles?».

MATEO 5:43-47

Cuando los cristianos empecemos a comportarnos como cristianos y amemos a Dios, a nuestros vecinos, a nuestros enemigos, y especialmente a nuestros hermanos cristianos, sin tomar en cuenta su color, raza o clase social, veremos en nuestro tiempo, al igual que en el primer siglo, una gran transformación en toda la sociedad. La gente se maravillará cuando vea nuestro amor, al igual que se asombraron las personas cuando observaron a los creyentes del primer siglo, y dirán: «¡Cuánto se aman unos a otros!».

Yo aconsejo a muchos estudiantes y adultos mayores que no son capaces de aceptarse a sí mismos. Algunos de ellos cargan con la culpa debido a sus pecados sin confesar, otros no aceptan sus impedimentos físicos, y además, otros se sienten inferiores mental o socialmente. Mi consejo para todos y cada uno de ellos es: «Dios lo ama y lo acepta tal como usted es. Usted debe hacer lo mismo. ¡Deje de enfocarse en usted! Enfoque su amor y su atención en Cristo y en los demás. Comience a apartar su yo en el servicio a Dios y a sus compañeros».

El típico amor de Dios es una fuerza unificadora entre los cristianos. Pablo nos amonesta así: «Por encima de todo, vístanse de amor, que es el vínculo perfecto» Colosenses 3:14, y «para que cobren ánimo, permanezcan unidos por amor» Colosenses 2:2. Solamente el amor universal de Dios puede romper las fastidiosas barreras creadas por las diferencias humanas. Solo la devoción en común por Cristo, la fuente del amor, puede aliviar la tensión, disminuir la desconfianza, motivar la franqueza, sacar a la luz lo mejor de la gente, y permitirles a las personas servir a Cristo juntos fructíferamente.

Una madre dijo que el descubrimiento de estos principios le permitió ser más paciente y amable con su esposo y sus hijos. «Los niños me estaban volviendo loca con todas sus demandas infantiles» dijo en confianza. «Yo estaba irritable con ellos, y debido a que yo era tan infeliz, era una esposa criticona y regañona. No era de asombrarse que mi esposo buscara excusas para trabajar hasta tarde en la oficina. Ahora todo es diferente: el amor de Dios penetró nuestro hogar desde que aprendí cómo amar por fe».

El esposo reportó: «Mi esposa y yo nos hemos enamorado de nuevo, y actualmente, disfruto trabajar en la oficina con compañeros a los cuales no soportaba antes de que aprendiera cómo amar por fe».

3. *Usted no puede amar con sus propias fuerzas*

Así como es seguro que «aquellos que están en la carne (la persona mundana y carnal) no pueden agradar a Dios», usted, con sus propias fuerzas, no puede amar como debe hacerlo.

Usted no puede demostrar el amor *ágape*, el amor incondicional de Dios por las otras personas, a través de sus propios esfuerzos. ¿Cuántas veces ha decidido usted amar a alguien? ¿Qué tan a menudo ha intentado fabricar algún tipo de emoción positiva y afectuosa hacia una persona por la que no siente nada? Es imposible, ¿no es verdad? Con sus propias fuerzas no es posible amar con el tipo de amor de Dios.

Por naturaleza, las personas no son pacientes ni amables. Somos celosos, envidiosos y jactanciosos. Somos orgullosos, altivos, egoístas y mal educados, y queremos hacer las cosas a nuestro modo. ¡Nunca podríamos amar a los demás en la forma en que Dios nos ama!

4. USTED PUEDE AMAR CON EL AMOR DE DIOS

Fue este tipo de amor de Dios el que lo trajo a usted a Cristo. Es este tipo de amor el que tiene la capacidad para sostenerlo y alentarlo cada día. A través del amor de Dios en usted, usted puede traer a otros a Cristo y servir a sus compañeros creyentes como Dios le ha ordenado.

El amor de Dios fue supremamente expresado en la vida de Jesucristo. Usted tiene un cuadro perfecto y completo del tipo de amor de Dios en el nacimiento, carácter, enseñanzas, vida, muerte y resurrección de su Hijo.

¿Cómo entra este amor en su vida? Este amor se vuelve suyo desde el momento en que usted recibe a Jesucristo, y el Espíritu Santo viene a morar en su vida. La Escritura dice: «Y esta esperanza no nos defrauda, porque Dios ha derramado su amor en nuestro corazón por el Espíritu Santo que nos ha dado» Romanos 5:5. Dios es Espíritu, y «el fruto del Espíritu es amor...» Gálatas 5:22. Cuando usted es controlado por el Espíritu, puede amar con el amor de Dios.

Cuando Cristo viene a su vida y usted se convierte en cristiano, Dios le da los recursos para ser un tipo de persona diferente. Con la motivación, él también le da la habilidad. Él le proporciona una nueva clase de amor.

¿Pero cómo puede hacer del amor una realidad práctica en su vida? ¿Cómo ama usted? ¿Por resoluciones? ¿Por medio de disciplina auto impuesta? No. El único camino para amar lo explicaré en el último punto.

5. USTED AMA POR FE

Todo sobre la vida cristiana está basado en la fe. Usted ama por fe al igual que ha recibido a Cristo por fe, al igual que es lleno del Espíritu Santo por fe, y al igual que camina por fe.

Si el fruto del Espíritu es el amor, usted, lógicamente puede preguntar: ¿Pero no es suficiente estar lleno con el Espíritu?

Esto será verdad desde el punto de vista de Dios, pero no siempre será verdad en su experiencia actual.

Él no le ordenaría hacer algo sin capacitarlo para hacerlo.

Muchos cristianos han amado con el amor de Dios, y han demostrado el fruto del Espíritu en sus vidas sin afirmar concientemente o específicamente el amor de Dios por fe. No obstante, sin estar concientes de este hecho, verdaderamente amaron por fe, por lo tanto, no encontraron necesario el declarar el amor de Dios por fe como un acto específico.

Hebreos 11:6 dice: «En realidad, sin fe es imposible agradar a Dios». Obviamente, no habrá una demostración del amor de Dios donde no hay fe.

Si usted tiene dificultades para amar a los demás, recuerde que Jesús ha ordenado: «Que se amen los unos a los otros. Así como yo los he amado, también ustedes deben amarse los unos a los otros» Juan 13:34. La voluntad de Dios es que usted ame. Él no le ordenaría hacer algo sin capacitarlo para hacerlo. En 1 Juan 5:14-15, Dios promete que, si usted pide algo de acuerdo a su voluntad, él escucha y

Dios tiene para usted un suministro inacabable de su divino y sobrenatural amor ágape.

contesta su petición. Al relacionar esta promesa con el mandato de Dios, usted puede afirmar por fe el privilegio de amar con su amor.

Dios tiene para usted un suministro inacabable de su divino y sobrenatural amor *ágape*. Esto es para que usted lo reclame, para que crezca en él, para que lo extienda a otros, y así alcanzar a cientos y a miles de personas con el amor que vale, el amor que los traerá a Jesucristo.

Para poder experimentar y compartir su amor, usted debe reclamar ese amor por fe; esto es, confiar en su promesa de que él le dará todo lo que usted necesita para hacer su voluntad, en base a su mandato y su promesa.

Esta verdad no es nueva; ha estado escrita en la Palabra de Dios durante 2.000 años. Pero para mí fue un nuevo descubrimiento en aquella temprana mañana hace algunos años, y, desde entonces, también para muchos miles de cristianos con los cuales lo he hablado. Cuando empiezo a practicar el amar por fe, me doy cuenta de que los problemas de tensión con otros individuos parecen desaparecer, a menudo milagrosamente.

En una ocasión, yo tenía problemas para amar a un compañero del equipo de trabajo. Eso me afligía. Yo quería amarlo. Sabía que se me había ordenado amarlo. Sin embargo, debido a ciertas áreas de inconsistencia y diferencias de personalidad, era difícil para mí amarlo. Pero el Señor me recordó 1 Pedro 5:7: «Depositen en él toda ansiedad, porque él cuida de ustedes». Decidí entregar este problema a él y *amar a este hombre por fe*. Cuando reclamé el amor de Dios para este hombre por fe, mi preocupación se fue. Supe que la situación estaba en las manos de Dios.

Una hora después, encontré bajo mi puerta una carta de este hombre, quien no tenía forma posible de saber lo que yo acababa de experimentar. Más aún, esta carta se había escrito el día anterior. El Señor había previsto el cambio en mí. Ese amigo y yo nos reunimos esa tarde, y tuvimos el más maravilloso tiempo de oración y de compañerismo que nunca habíamos experimentado juntos. El amar con el amor de Dios por fe había cambiado nuestra relación.

Dos talentosos abogados tenían entre sí fuertes celos profesionales e incluso se odiaban mutuamente. No obstante, ambos eran miembros distinguidos de la misma firma, y constantemente se criticaban entre sí y se hacían la vida miserable el uno al otro.

Uno de ellos recibió a Cristo a través de nuestro ministerio, y algunos meses después vino en busca de consejo.

«He odiado y criticado a mi compañero durante años», dijo, «y él ha sido igualmente antagónico hacia mí. Pero ahora que soy cristiano, no me siento bien en continuar con nuestro conflicto. ¿Qué debo hacer?»

«¿Por qué no le pide perdón a su compañero y le dice que lo ama?» le sugerí.

«¡Nunca podría hacer eso!», exclamó, «eso sería ser hipócrita. Yo no lo amo. ¿Cómo podría decirle que lo amo cuando no es así?».

Le expliqué que Dios les ordena a sus hijos que amen aun a sus enemigos, y que este amor *ágape*, sobrenatural e incondicional, es una expresión de nuestra voluntad, la cual ejercemos por fe.

Por ejemplo, en 1 Corintios 13 el tipo de amor es: «paciente, es bondadoso. El amor no es envidioso ni jactancioso ni orgulloso. No se comporta con rudeza, no es egoísta, no se enoja fácilmente, no guarda rencor. El amor no se deleita en la maldad sino que se regocija con la verdad. Todo lo disculpa, todo lo cree, todo lo espera y todo lo soporta» 1 Corintios 13:4-7.

«Usted notará», le expliqué, «que cada una de esas descripciones del amor no es una expresión de las emociones, pero sí de la voluntad».

Juntos nos arrodillamos para orar, y mi amigo le pidió perdón a Dios por su actitud crítica hacia su compañero abogado y declaró el amor de Dios para él por fe.

Temprano, la siguiente mañana, mi amigo se dirigió a la oficina de su compañero y anunció: «Me ha sucedido algo maravilloso. Me he convertido en cristiano. Y he venido a pedirte perdón por todo lo que he hecho para herirte en el pasado, y para decirte que te amo».

Su compañero estaba tan sorprendido y convencido de su propio pecado, que respondió a esta asombrosa confesión pidiéndole perdón a mi amigo. Luego, para sorpresa de mi amigo, su compañero dijo: «Me gustaría hacerme cristiano también. ¿Me mostrarías que tengo que hacer?»

Después, mi amigo le mostró como lograrlo por medio del folleto publicado por nosotros llamado *Las Cuatro Leyes Espirituales*. Juntos se arrodillaron a orar, y luego, ambos llegaron a contarme este sorprendente milagro del amor de Dios.

LIBERADO DEL ODIO

Un joven universitario jugador de fútbol, quien había crecido en una comunidad donde a los negros se les tiene mala voluntad, siempre le había parecido imposible amar a las personas pertenecientes a esta raza. Una tarde, él me escuchó hablarles a un grupo de estudiantes de diferentes razas sobre la fe, especialmente, en lo referente a amar a personas de otras razas.

«Mientras usted oraba», me dijo después, «reclamé el amor de Dios por la gente de raza negra. Luego, mientras salía del anfiteatro, la primera persona que vi fue un hombre negro, que estaba hablando con una joven blanca. Ahora, esta es una situación detonante, como usted puede imaginar, para un hombre que odia a la gente negra. Pero, de repente, ¡sentí compasión por aquel hombre negro! En otro tiempo, lo hubiera odiado y probablemente hubiera sido descortés e irritante con él. Pero Dios escuchó mi oración».

❖

Este amor es contagioso, atractivo y enérgico. Este amor produce hambre de Dios.

Esa misma tarde, una pareja de jóvenes negros se me acercó. Ellos lucían radiantes.

«Me sucedió algo estupendo anoche», dijo la joven, «Fui liberada del odio hacia la gente blanca. Yo había odiado a los blancos desde que era una niña. Sabía que como cristiana, debía amar a la gente blanca, pero no podía ayudarme a mí misma. Odiaba a los blancos y quería vengarme. Anoche empecé a amar los blancos por fe, y realmente funciona».

El joven agregó: «Para mí también funcionó, ahora mi odio hacia los blancos se ha ido. Gracias por decirnos cómo amar por fe».

Personas de determinada raza, que han odiado a las personas de otras razas, han descubierto el amor sobrenatural de Dios por aquellas.

Esposos y esposas cristianas, que estaban viviendo en medio de conflictos, han reclamado el amor del Dios por fe, y han sucedido milagros.

Disputas entre padres se hijos se han resuelto, y abismos generacionales se salvado por el puente del amar por fe. Disputas en situaciones laborales se han resuelto. Los enemigos dejan de ser enemigos cuando usted los ama por fe. El amor de Dios tiene la manera de disolver prejuicios y derribar barreras.

El amor es el poder más grande conocido por el ser humano. El amor cambió el curso del mundo del primer siglo, y Dios está usándolo para traer una gran revolución en el siglo veintiuno. Nada puede vencer al amor de Dios.

En el primer siglo hubo un enlace entre el amor y la fe, lo cual produjo una gran revolución espiritual a lo largo y ancho del mundo conocido. Después, ambos se perdieron durante la Edad Media. La comprensión de Martín Lutero y de sus colegas de que «el justo vivirá por fe» se introdujo en la Reforma y en otro poderoso movimiento de Dios. Sin embargo, había poco amor. De hecho, a menudo había un gran conflicto.

Hoy, Dios nos está recordando de nuevo el enlace bíblico de estos dos elementos: la fe y el amor. Por medio de la fe, ese amor de Dios, sobrenatural y divino, llegará donde nada más puede llegar para capturar a hombres y mujeres para Cristo. El amor que resulta de la fe cautivará a las personas de todas partes, de modo tal, que al nosotros vivir en el amor y en la fe, esparciremos el amor por todo el mundo. Este amor es contagioso, atractivo y enérgico. Este amor produce hambre de Dios. Asimismo este amor activo, busca constantemente hacer obras de amor, levantar personas y transformar vidas.

Dar el primer paso

Frecuentemente, el amor *ágape* se expresa como un flujo de compasión. Jesús dijo: «De aquel que cree en mí, como dice la Escritura, brotarán ríos de agua viva» Juan 7:38. La compasión es uno de esos ríos. Es una suave corriente de ternura y preocupación por las necesidades de otra persona. Ese amor hacía que Jesús sintiera la necesidad de alimentar al hambriento, alentar al afligido, sanar al enfermo, enseñar a las multitudes y de resucitar a los muertos.

La mayoría de nosotros, en algún momento de nuestras vidas, hemos experimentado este torrente de amor por alguien.

Quizás usted sintió este amor mientras lavaba los platos, laboraba en su profesión u oficio, manejaba por la autopista o mientras se encontraba sentado en clase. Usted no podía explicarlo, pero su impulso era hacer algo especial por esa persona.

Le animo a dar el primer paso, empiece a amar por fe y siga en esa corriente. Esa corriente es el amor de

❖

Le animo a dar el primer paso, empiece a amar por fe y siga en esa corriente.

Dios derramándose sobre el necesitado. Ese impulso de amor dentro de usted significa que Dios lo está llenando de su compasión piadosa y que él lo ha escogido para servir a esa persona.

Pídale a Dios que hoy manifieste su tierna compasión a través de usted en alguna forma. Al orar, pídale a Dios que ponga a alguien en su corazón. Cuando usted sienta el amor de Dios fluyendo a través de usted por esa persona, averigue cual es su necesidad, y empiece a atenderla. Al seguir la guía del Espíritu de Dios, usted puede ayudar a aquellos a quienes el Señor ha preparado para su toque transformador, y usted será parte de su milagrosa provisión. Cuando Dios lo dirige a ayudar a alguien, él lo capacitará para hacer lo que él le indique (Filipenses 4:13; 1 Tesalonicenses 5:24).

Una revista japonesa presenta una fotografía de una mariposa en una de sus páginas. El color de la mariposa es de un gris apagado hasta que se entibia por la mano de uno…, el toque de la mano causa que ciertas tintas especiales en el impreso reaccionen, y aquel gris se transforme en un centelleante y colorido arco iris.

❖

Si Cristo está en usted, usted está completo, porque Cristo mismo es el perfecto amor, la perfecta paz, la perfecta paciencia y la perfecta bondad.

¿Que otros aspectos pueden cambiar de esta manera, debido a la calidez de su interés y a su amor *ágape*? ¿Su familia? ¿Su iglesia? ¿Su ciudad? Este mundo herido tiene hambre del toque de alguien que se interese, ¡que se interese realmente! Por medio de este tipo de amor de Dios, el amor *ágape*, usted puede ser esa persona.

¿QUIÉN NO LE AGRADA?

¿Y qué hacer con aquellos que le parecen desagradables? ¿Aquellas personas con las que le cuesta llevarse bien? Individuos cuyas actitudes lo empujan hacia el camino equivocado. Le animo a hacer una lista de personas que no le agraden y a empezar a amarlos por fe.

¿QUÉ SUCEDE CON USTED MISMO?

Quizás usted se ponga a sí mismo en la lista. ¿Ha pensado en aplicarse las verdades de 1 de Corintios 13, a sí mismo, por fe? Pídale a Dios que le ayude a verse a sí mismo como él lo ve. Usted no tiene ninguna razón para no gustarse, ¡porque su Creador ya lo ha perdonado y le ha demostrado su amor incondicional al morir por usted!

Si Cristo está en usted, usted está completo, porque Cristo

mismo es el perfecto amor, la perfecta paz, la perfecta paciencia y la perfecta bondad. ¡Él es toda bondad, y él está en usted!

Siempre que Satanás intente atacarlo con recuerdos de pecados que ya ha confesado, o cuando aumenta sus debilidades o defectos, reclame por fe el perdón y la justicia de Dios, y agradézcale que, en la autoridad de su Palabra, usted no sea intimidado con las acusaciones de Satanás. Déle gracias por ser su hijo y porque sus pecados están perdonados. Agradézcale porque Satanás no tiene control sobre usted, excepto el permitido por Dios. Luego, deposite esta preocupación en el Señor, tal como se le ha ordenado hacer en 1 Pedro 5:7.

¿QUÉ SUCEDE CON LOS DEMÁS?

Quizás su jefe, un compañero de trabajo, su cónyuge, sus hijos, su padre o su madre están en la lista de aquellos que usted amará por fe. Ore por cada persona. Pídale al Espíritu Santo que lo llene con el amor de Cristo para cada uno de ellos. Después, busque la manera de reunirse con ellos mientras antepone, por fe, al amor de Dios ilimitado, inagotable y abrumador para ellos.

¡Espere que Dios trabaje por medio suyo! Observe como Dios usa su sonrisa, sus palabras y su paciencia para expresar su amor a cada persona.

Ame por fe a cada uno de sus «enemigos», a todo aquel que lo hace enojar, lo ignora, lo fastidia o lo frustra. Las personas están esperando ser amadas con el amor de Dios.

Una ama de casa, quien durante un largo y frío invierno, había visto a su familia padecer de paperas y sarampión, de una nariz quebrada, amén de que al bebé le salieron tres dientes nuevos y un sin fin de dificultades, llegó al punto donde las presiones y las demandas se volvieron demasiado para ella. Finalmente, de rodillas, empezó a protestar: «¡Señor, tengo tanto que hacer!», pero imagine su sorpresa, cuando se escuchó a sí misma decir: «¡Señor, tengo tanto amor!». Las oportunidades de amar por fe nunca se agotarán.

«EL FRUTO DEL ESPÍRITU ES EL AMOR»

Recuerde, el tipo de amor *ágape* es un acto de la voluntad, no es solamente una emoción. Usted ama *por fe*. Por fe, usted puede reclamar el amor de Dios paso a paso, persona por persona.

«El fruto del Espíritu es el amor». Al igual que un fruto, el amor crece. Para producir un fruto se requiere una semilla, una flor, polinización, luego la tibieza del sol y la frescura de las lluvias, y hasta se necesitan algunos vientos contrarios. De manera similar, en la vida su amor será calentado por el gozo, rociado por las lágrimas y extendido por los vientos de las circunstancias. Dios utiliza todo lo que usted experimenta para obrar su voluntad en su vida. Él es quien que hace crecer el amor. Este es un proceso continuo y progresivo. Es tal como Pablo dijo: «Que el Señor los haga crecer para que se amen más y más unos a otros, y a todos, tal como nosotros los amamos a ustedes» 1 Tesalonicenses 3:12.

¡Cuan emocionante es tener a nuestra disposición esa fuerza tan dinámica y gozosa! Y todo esto proviene de nuestro amoroso Salvador, Jesucristo, quien explícitamente le promete en su Palabra todo lo que usted necesita. No es necesario que usted lo suponga, lo espere o lo anhele. Usted puede reclamar este amor por fe, ahora mismo, en base al mandamiento de amor de Dios y en base a su promesa de que él contesta su oración siempre que usted ore por algo que esté acorde con su voluntad.

¿Por qué no hace suya esta oración?

Señor, tú nunca me habrías dado la orden de amar, si no hubieras planeado capacitarme para hacerlo. Por lo tanto, en este momento, en la autoridad de tu mandato de amor, y en la autoridad de tu promesa de contestarme si yo pido algo conforme a tu voluntad, personalmente, reclamo tu amor, el tipo de amor de 1 Corintios 13, para ti, para todas las personas y para mí. Amén.

Apéndice B

El perdonar en
la Palabra de Dios

Le presentamos a continuación algunos versículos selecciona-
dos de la Biblia que fueron citados textualmente a lo largo
de este libro. Le animamos a sentarse con su Biblia a revisar estos
versículos en su contexto, y a reflexionar devotamente en lo que
Dios le ha dicho sobre el perdonar.

CAPÍTULO 1

Salmo 103:12
Lucas 5:18-24

1 Corintios 6:11
Juan 8:36
Juan 8:11

Hebreos 12:1
Apocalipsis 2:4
1 Corintios 6:19

CAPÍTULO 2

Salmo 103:11-12
Hebreos 10:10, 14,18
Juan 3:16-17
Romanos 8:1-2
Juan 15:13
Colosenses 1:21-22
Colosenses 2:13-14

CAPÍTULO 3

Salmo 32:6
Hechos 13:22
Salmo 51:1-4
Salmo 32:1-5
Hebreos 12:6
Juan 17:22-23
Lucas 15:11-32

CAPÍTULO 4

Salmo 66:18

CAPÍTULO 5

1 Juan 1:9
1 Juan 1:6-7
Proverbios 14:9
1 Juan 1:8,10

CAPÍTULO 6

Salmo 139:23-24
Salmo 103:12
Miqueas 7:19
Hebreos 8:12; 10:17

CAPÍTULO 7

Hebreos 10:16-19

Juan 10:10
1 Juan 4:18-19
1 Juan 3:14-16
Mateo 18:21-35
Hechos 1:8

CAPÍTULO 8

Isaías 40:29-31

Gálatas 5:5
Gálatas 5:22-23
Romanos 8:29

CAPÍTULO 9

Juan 15:4-5
Hebreos 13:5
Filipenses 1:21

Acerca del autor

El Dr. Bill Bright, incentivado por su pasión de testificar el amor y las enseñanzas de Jesús a «cada persona viviente en la tierra», fue el fundador y presidente de *Campus Crusade for Christ*. El ministerio cristiano más grande del mundo, Campus Crusade atiende a personas en 191 países, por medio de un equipo de trabajo de 26.000 empleados a tiempo completo, y más de 225.000 voluntarios entrenados que trabajan en alrededor de sesenta objetivos entre ministerios y proyectos que van de lo militar a lo interurbano.

Bill Bright estaba muy motivado por lo que se conoce como la Gran Comisión: el mandato de Cristo a llevar el evangelio a todo el mundo. Así, en 1956, escribió el folleto titulado: *Las Cuatro Verdades Espirituales*, el que ha sido impreso en 200 idiomas y distribuido a más de 2.500 millones de personas. Entre otros libros de la autoría de Bright están: *Discover the Book God Wrote*, *God: Discover his Character*, *Come Help Change Our World*, *The Holy Spirit: The Key to Supernatural Living*, *Life Without Equal*, *Witnessing Without Fear*, *Coming Revival*, *Journey Home* y *Red Sky in the Morning*.

En 1979, Bright fue el encargado de llevar a cabo la película JESÚS, un largo metraje dramatizado de la vida de Cristo. A la fecha, más de 5.700 millones de personas en 191 países han visto la película, y esta se ha convertido en la película más vista y más traducida de la historia.

El Dr. Bright murió en el mes de julio del 2003, antes de la corrección final de este libro. Pero él oró para que permaneciera como un legado de su amor por Jesús y el poder del Espíritu Santo para cambiar vidas. Le sobreviven su esposa Vonette, sus hijos, sus nueras y sus cuatro nietos.

Nos agradaría recibir noticias suyas.
Por favor, envíe sus comentarios sobre este libro
a la dirección que aparece a continuación.
Muchas gracias.

Editorial Vida
7500 NW 25th Street, Suite 239
Miami, Florida 33122

Vida@zondervan.com
www.editorialvida.com